大数据驱动下的财务管理创新研究

龙春娥　任诗琪◎著

中国商业出版社

图书在版编目（CIP）数据

大数据驱动下的财务管理创新研究 / 龙春娥，任诗琪著. -- 北京 : 中国商业出版社，2025. 4. -- ISBN 978-7-5208-3379-0

Ⅰ. F275

中国国家版本馆CIP数据核字第2025PK3629号

责任编辑：葛　伟

中国商业出版社出版发行

(www.zgsycb.com 100053 北京广安门内报国寺 1 号)

总编室：010-63180647 编辑室：010-83118925

发行部：010-83120835/8286

新华书店经销

河北浩润印刷有限公司印刷

*

710 毫米 ×1000 毫米　16 开　12 印张　200 千字

2025 年 4 月第 1 版　2025 年 4 月第 1 次印刷

定价：78.00 元

****

前言

PREFACE

随着信息技术的不断发展与进步，大数据作为一种具有颠覆性影响的技术，逐渐渗透各行各业，成为推动现代社会发展和创新的重要动力。特别是在财务管理领域，大数据技术的应用展现出巨大的潜力，极大地改变了传统财务管理的模式和思维方式。财务管理作为企业经营管理中的核心部分，向来注重数字化、标准化与高效化。然而，传统的财务管理模式在应对快速变化的经济环境、信息流动、市场动态以及企业自身复杂多变的运营状况时，常常显得捉襟见肘。大数据技术的迅猛发展，为解决这一困境提供了切实可行的路径。通过对海量信息的收集、存储、处理与分析，财务管理能够更加精确地进行决策分析、风险评估、资源分配等工作，推动企业财务管理向更加科学、智能、精准的方向发展。

本书的主要内容围绕大数据在财务管理中的创新与应用展开，系统性地剖析了大数据技术如何在财务管理各个领域实现突破性创新。首先，书中通过详细的理论分析，介绍了大数据的基本概念与发展历程，并深入探讨了大数据在各行业的应用，尤其在财务管理中的巨大潜力。接着，书中通过对比传统财务管理模式与大数据驱动下的财务管理创新模式，揭示了大数据如何在财务决策、预算管理、财务分析与预测等环节带来变革。进一步地，书中重点分析了大数据技术在财务信息系统建设中的应用，探讨了如何利用大数据构建灵活、高效的财务信息系统，提高财务管理的整体水平。最后，书中讨论了大数据驱动下财务管理面临的风险与挑战，包括数据安全、隐私保护以及合规性等方面的问题，为读者提供了全面的视野，帮助读者深入理解大数据与财务管理相结合的多维度影响。

本书具有重要的学术和实践意义。首先，填补了当前财务管理领域关于大数据应用研究的空白，提出了大数据技术在财务管理领域应用的最新成果与趋势。其次，通过理论分析与实践案例的结合，揭示了大数据技术对财务管理体系、工作流程、决策模式的深刻影响，为学术界和行业提供了前瞻性的研究成果。对于企业与财务管理从业者而言，本书提出的创新应用和解决方案能够帮助企业有效应对信息化时代带来的挑战，提高财务管理的科学性、智能化水平。最后，本书的出版还具有推动行业发展的作用，帮助各类企业和财务管理专业人士更好地理解和利用大数据技术，从而推动财务管理创新，提升财务管理的决策能力与效益。

在全球信息化进程不断加速的背景下，大数据作为推动技术创新和管理变革的关键因素，正在全面改变我们的生活与工作方式。特别是在财务管理领域，如何在复杂多变的经济环境中实现信息的精准获取、分析与应用，已经成为现代企业竞争力的核心所在。本书通过对大数据技术的深入探讨，系统展示了它在财务管理创新中的应用路径与实践价值，旨在为相关领域的研究者、企业决策者以及财务管理从业人员提供有益的参考和指导。

作　者

2025 年 3 月

目录 CONTENTS

第一章　导　论

第一节　研究背景与意义

一、研究背景

随着信息技术的快速发展，特别是大数据技术的广泛应用，我们已经进入了一个全新的时代——大数据时代。大数据技术具有极高的应用价值，不仅在社会生活的各个层面产生了深远影响，也在商业、经济、教育、医疗等领域实现了突破性进展。而财务管理，作为企业管理的重要组成部分，其在大数据技术的推动下，正经历着深刻的变革。传统的财务管理方式处理的多是结构化的财务数据，如利润表、资产负债表、现金流量表等。然而，随着市场环境的日益复杂，企业经营所面临的决策问题变得更加复杂，单一的财务数据已经无法提供全面、深入的决策支持。与此同时，企业日常运营中产生的各种非结构化数据，如供应链数据、市场行为数据、消费者数据、社交媒体反馈等，成为决策支持的关键所在。大数据技术的出现，使这些分散在不同系统中的数据得以整合、清洗与分析，从而为财务管理提供了更加全面的数据支持。大数据时代的到来，深刻改变了财务管理的基础设施、管理模式和决策方式。在这一时代背景下，传统的财务管理模式已无法满足企业对数据分析和处理的需求，必须进行模式创新和技术更新。这一过程不仅是对技术的引进和升级，也是对财务管理理念、方法与流程的全方位变革。因此，研究如何在大数据时代创新财务管理模式，探索财务管理中的大数据应用，不仅具有紧迫的现实需求，也具有深远的理论价值。在新的技术和商业环境下，如何有效利用大数据技术促进企业财务管理的发展，探索最佳的财务管理模式，已经成为学术界、企业界和政策制定者关注的焦点。

二、研究意义

在大数据技术广泛应用的当下，企业面临的财务管理环境与以往不同。传统财务管理模式的局限性已显而易见，企业面临的数据量大、信息种类繁杂、业务发展环境瞬息万变等挑战，要求财务管理必须具备更加灵活、精准、实时的特点。传统的财务数据分析方法已经难以适应企业日益复杂的财务管理需求，基于大数据技术的财务管理创新成为提升企业竞争力、优化财务管理和实现企业可持续发展的必由之路。

研究大数据时代下的企业财务管理模式创新，具有深远的理论价值和实践意义。

第一，从理论价值的角度看，通过对大数据技术在财务管理中的应用的研究，可以填补国内外关于财务管理与大数据融合的理论空白。尽管已有部分研究涉及大数据对财务管理的影响，但相关领域的深入探索仍显不足。本书的研究可以进一步丰富财务管理学科的发展，为后续研究提供理论基础和实践指导。

第二，从实践意义的角度看，随着云计算、大数据、人工智能等技术的蓬勃发展，企业正迎来一场深刻的财务管理变革。通过创新财务管理模式，企业不仅可以有效应对信息化时代的挑战，更能够提高财务管理的智能化、自动化水平，进而优化决策过程，提高资源配置的效率，推动企业转型升级。通过大数据技术的深度应用，企业能够通过数据驱动决策，实时掌握财务状况，发现潜在的机会与风险，推动财务管理向更加科学、精细化的方向发展。这将对企业的经营决策、财务预测、风险管理等方面产生深远的影响。

第三，财务管理的创新有助于促进企业财务管理的标准化和规范化。随着信息技术和网络环境的变化，财务管理的标准化、数据化程度愈加重要。研究财务管理模式创新，能够为行业提供借鉴和参考，推动整个行业的转型升级，使更多的企业能够走上数字化、智能化的发展道路。

第二节 研究目的与方法

一、研究的总体目标

（一）分析大数据对财务管理模式的影响

大数据技术的应用不仅限于信息技术的革新，它对企业财务管理的各个层面都产生了深远的影响。通过对大数据技术在财务管理中的应用进行系统剖析，本书旨在研究大数据如何推动财务决策、预算管理、财务分析等方面的创新。传统的财务管理模式往往依赖静态的历史数据，局限于单一的财务报表与会计账簿。大数据的引入打破了这一传统局限，它通过实时的数据流、跨部门的信息整合以及数据挖掘分析，提升了财务管理的精确性与实时性。通过研究，本书将深入探讨大数据如何促进财务决策的智能化，如何帮助企业建立灵活的预算模型，如何增强财务分析的准确度，并如何在决策过程中实现实时反馈，最终推动财务管理向数据驱动和智能化的方向转型。

（二）提出财务管理创新模式

大数据背景下的财务管理模式不再是单一的管理模式，而是综合运用数据分析技术、人工智能以及云计算等多项技术，形成具有前瞻性、智能化和高效率的财务管理体系。为了适应这种技术的变革，企业需要在决策支持系统、预算管理、财务分析等多个方面进行创新。本书将提出一种符合现代企业需求的财务管理创新模式。该模式不仅包括传统的财务决策和预算管理的改进，还涉及智能化财务决策的构建、自动化财务分析的应用、灵活的预算管理机制以及精准的风险预测模型等方面。通过运用大数据技术，企业能够提高财务决策的精度与及时性，优化资源配置，提高资金使用效率。同时，通过对预算管理的灵活性与智能化调整，企业能够根据动态的市场变化及时进行预算调整，确保资金的合理使用。

（三）解决企业在财务大数据应用中的实际问题

尽管大数据为企业财务管理带来了诸多创新机会，但在实际应用过程中，企业也面临诸多挑战。这些挑战主要体现在数据整合、数据质量、数据安全、隐私保护、合规性等方面。通过案例研究与实证分析，本书将探讨在大数据技术应用过程中，企业如何有效解决这些技术挑战与管理难题。例如，在数据整合方面，如何将来自不同系统和部门的数据进行清洗、整合，确保数据的准确性与一致性；在数据安全与隐私保护方面，如何通过技术手段确保数据在传输和存储过程中的安全性，避免敏感财务数据的泄露；在合规性方面，如何确保企业在进行大数据分析时，符合相关的法律法规要求。通过对这些问题的深入研究，本书将提出行之有效的解决方案，为企业在财务大数据应用中的顺利推进提供理论依据与实践指导。

（四）推动财务管理的转型与升级

随着大数据、云计算、人工智能等技术的迅速发展，财务管理的转型与升级已经成为企业发展的必然选择。传统的财务管理方法通常依赖人工处理，使用单一的报表分析和决策支持系统，难以满足企业在全球化和信息化背景下的需求。本书的研究旨在推动企业财务管理的数字化转型，从传统的事务性管理转向战略性管理。首先，企业需要通过大数据技术的应用，提高财务管理的智能化水平，使财务决策不再依赖经验和历史数据，而是基于实时的数据流与分析结果。其次，财务管理的自动化水平将得到极大提高，财务分析、预算编制、风险评估等环节将通过自动化工具完成，减轻人工负担，提高工作效率。最后，随着财务管理模式的转型与升级，企业能够实现更加精确的战略决策支持，增强企业的市场竞争力。

二、研究方法的选择与运用

（一）文献分析法

文献分析法是本书的基础研究方法之一。对国内外相关文献的系统梳理，能够为本书的研究提供理论支持，明确当前研究的热点问题和研究空白。文献分析不仅有助于总结现有的研究成果，还能识别出大数据在财务管理应用中的不足与挑战。例如，财务大数据应用的研究已经取得了一定进展，但对于如何高效整合不同来源的数据、如何保证数据质量和安全以及如何在企业层面全面推进大数据技术的应用等问题，仍然缺乏深入探讨。文献分析能为本书的研究提供明确的方向，并为后续的实证研究提供理论框架。

（二）案例分析法

案例分析法是一种通过深入分析实际案例来探讨理论与实践结合的研究方法。本书将通过多个行业和企业的实际案例，分析大数据技术如何在财务管理中具体应用，特别是大数据技术在财务决策、预算管理、财务分析等方面应用的实际效果。通过案例研究，本书将揭示大数据技术在不同企业中的应用现状，分析应用过程中遇到的挑战、解决方案和成功经验。案例分析还能够为其他企业提供实践参考，帮助企业在实施大数据驱动的财务管理时规避常见的误区和难点。

（三）实证研究法

实证研究法是本书的核心研究方法之一。对企业的财务管理数据进行实证分析，能够评估大数据技术对财务决策、预算管理、财务分析等方面的具体影响。在实证研究过程中，本书将选取若干家企业作为研究样本，分析它们在应用大数据技术后的财务管理效果，包括财务决策的准确性、预算管理的灵活性、财务分析的时效性等指标。通过实证数据，检验大数据技术的实际应用效果，可为理论研究提供数据支持，并为企业的财务管理实践提供有力的依据。

第三节 研究框架与结构

本书按照大数据技术在财务管理中的应用层次进行组织，内容层次递进，逐步深入。具体安排如图 1-1 所示。

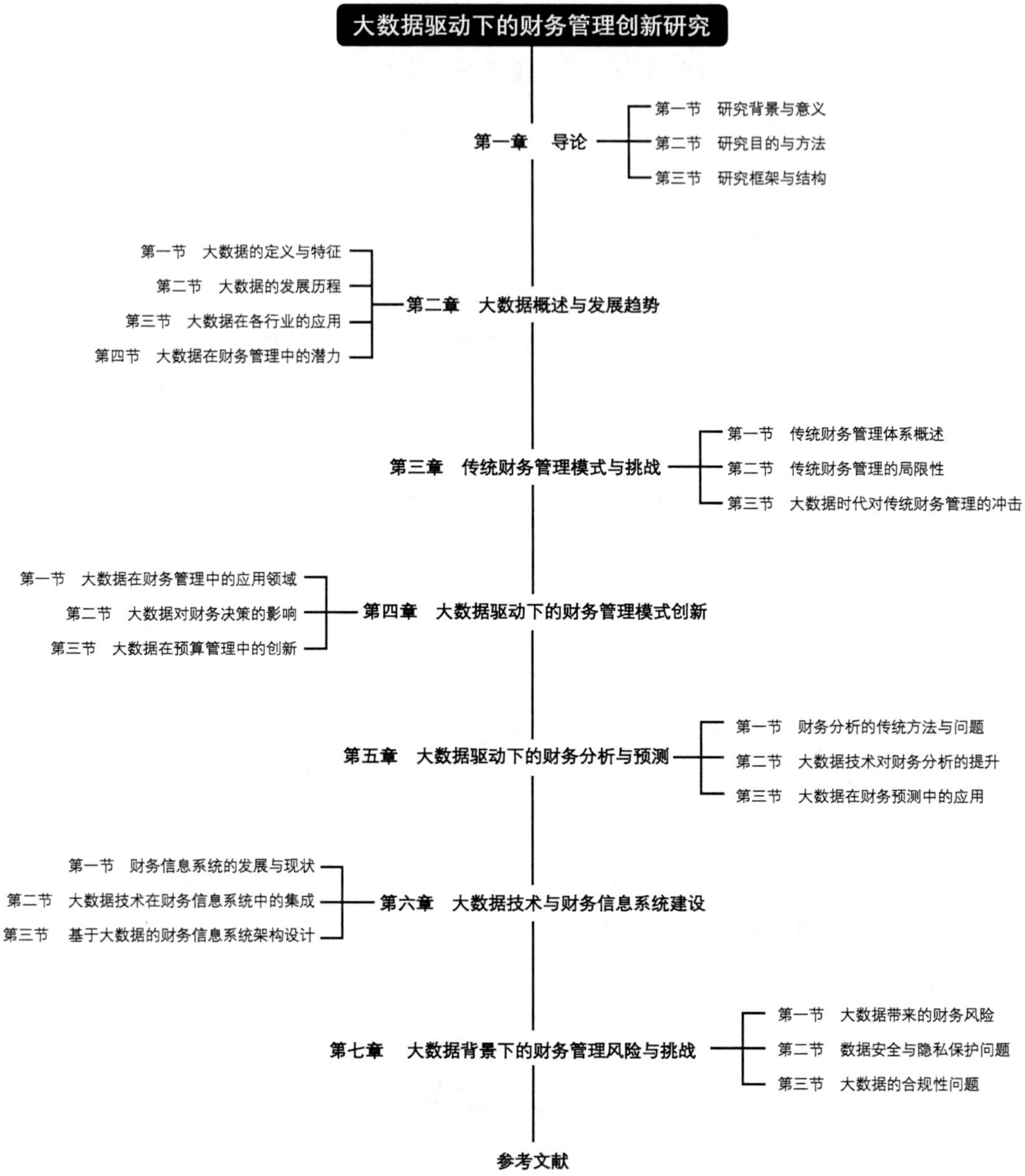

图 1-1　本书研究框架与结构

第二章　大数据概述与发展趋势

第一节　大数据的定义与特征

一、大数据的基本定义

“大数据”是一个广泛的术语，用于描述那些规模庞大且复杂的数据集，这些数据集的量、种类以及变化速度超出了传统数据管理工具的处理能力。传统的数据库系统和数据分析工具在面对如此庞大的数据量时常常显得力不从心，因此必须借助更加先进的技术，如大数据平台、云计算、分布式存储和计算技术等，以高效处理和分析这些数据。大数据的定义不仅强调数据的规模，还包括其多样性、变化速度和实时性，这些都决定了大数据的特殊处理需求。

在过去的数据处理模式中，数据通常存储为结构化格式，如关系数据库中的表格和条目，采用 SQL 等查询语言进行处理。然而，随着互联网的爆炸性发展，产生了海量且复杂的数据，这些数据不再符合传统的结构化数据库存储要求。大数据的核心特征在于其规模，数据量往往从 TB 级别到 PB 级别甚至更大，这种庞大的数据量超出了传统软件工具的处理能力。此外，大数据还包括视频、音频、图片、传感器数据、社交媒体数据等多种非结构化数据，这些数据不适合传统的数据库管理系统。

根据国际知名公司和研究机构的定义，大数据被认为是不能通过现有传统数据处理方法和工具在合理的时间范围内进行有效管理、存储、处理和分析的海量数据集。大数据的快速发展不仅在技术层面推动了数据存储和分析的革新，同时也对企业的运营模式、决策过程、市场营销等方面产生了深远影响。尤其是在互联网经济、物联网、智能制造、人工智能等领域，大数据已经成为关键的资源，它提供了深刻的洞察力和丰富的分析结果，为企业提供了新的机会和挑战。

从理论角度看，大数据不单是指一个单一的数据集，而是多个数据源和数据类型的集合，这些数据源可能来自社交媒体、传感器、交易记录、网络日志、电子邮件、图片等各个领域。它们被结合在一起，以帮助用户更全面地理解数据的潜在价值。在这种背景下，大数据成为一个动态的、不可预测的资源，企业和研究人员必须借助先进的分析方法来提取有价值的信息，以支撑决策和创新。

简言之，大数据不仅指数据量大，它的关键还在于如何通过合适的技术手段对庞大的、多样化的数据进行存储、管理和分析，并从中获取有价值的洞察。在这一过程中，大数据的处理不再局限于传统的数据库操作，而是通过新的技术架构如 Hadoop、Spark 等，以及分布式计算、云平台、机器学习算法等工具来进行大规模的数据挖掘和分析。这一技术创新推动了数据科学、人工智能等学科的发展，并赋予企业更大的竞争力。

二、大数据的特征

大数据的定义是通过其四个 V（Volume、Variety、Velocity、Value）特征来具体描述的，这四个 V 不仅是大数据的技术特性，还代表了它所带来的业务变革和技术挑战。以下是大数据的四个核心特征的详细阐述。

（一）数据规模大（Volume）

大数据最显著的特征之一就是其庞大的数据规模。传统数据集的大小通常可以用 GB 或 TB 来衡量，而大数据的规模则已经达到了 PB 甚至 EB 级别，远远超出了传统存储技术和数据处理能力的范畴。数据的来源越来越广泛，互联网、移动设备、传感器、智能设备等都在不断地产生数据。在数字化和信息化加速的背景下，每秒钟产生的数据量巨大，这种海量数据的增长速度远超传统计算机系统的处理能力。例如，社交媒体平台如 QQ、微信等每天产生数以百万计的帖子、图片、视频和评论，全球范围内的电商平台、支付系统也在实时生成大量的交易数据。加之物联网设备的普及，各种传感器和设备产生的监测数据也在不断增加。这些数据每时每刻都在不断增长，给存储和分析带来了前所未有的挑战。

（二）数据种类繁多（Variety）

大数据的第二大特征是其数据类型的多样性。随着信息技术的发展，数据的种类多种多样，包括结构化数据（如数据库中的表格数据）、半结构化数据（如 XML、JSON 等格式的数据）和非结构化数据（如视频、图片、社交媒体内容等）。例如，文本、音频、视频、图片、传感器数据、日志文件、社交媒体数据等都属于大数据的一部分。这种多样性使传统的数据处理技术无法直接应对大数据的分析需求。为了有效地利用这些多样化的数据，企业需要借助新的技术手段，如自然语言处理（NLP）、图像识别、视频分析等技术，来分析和提取有价值的信息。此外，由于数据类型和来源的多元化，如何有效整合这些异构数据并从中发现潜在价值，成为大数据应用中的一大挑战。

（三）高速增长（Velocity）

大数据的第三大特征是其高速增长性。随着信息技术和互联网的迅猛发展，数据正在以指数级的速度增长。社交媒体、移动设备、智能设备等日常工具的使用，使得数据的生成几乎是实时的。每时每刻，全球范围内都在不断生成大量的实时数据，如交易数据、社交网络活动、位置数据等。这种数据的产生速度和变化速度极为迅速，导致传统的数据处理方式无法满足需求。高速增长的另一方面体现在数据的实时性和时效性上。例如，电商平台的交易数据需要实时更新，以保证消费者和商家的及时反应；社交媒体平台的用户互动数据需要快速处理，以便通过实时分析推送相关内容。对于金融行业而言，市场数据和股票交易数据也需要实时处理和分析。大数据的高速增长要求企业能够快速响应和处理数据，确保决策和运营的及时性和准确性。

（四）价值密度低（Value）

大数据的第四大特征是其价值密度低。尽管大数据的体量庞大，信息丰富，但并非所有数据都具有高价值。实际上，数据中的有效信息和价值往往只是其中的一小部分。例如，在一段长时间的高清视频中，只有其中的少数几秒钟包含了对决策或分析有用的信息，而其余部分可能仅仅是冗余数据或背景信息。这一特征带来了大数据应用中的一项重要挑战：如何从海量数据中提取高价值的信息，并去除噪声或无效数据。为此，企业需要采用先进的分析方法和工具，通过数据挖掘、机器学习、人工智能等技术，识别出数据中的有价值部分，转化为对业务、决策或创新具有实际意义的知识。

第二节 大数据的发展历程

一、运营式系统阶段

数据库的出现大大降低了数据管理的复杂度，几乎全社会都在以各种形式依赖生产、加工、销售、售后、交易与统计记录运营系统。迄今为止，人类社会数据量出现了三次大的飞跃。第二次大的飞跃正是建立在运营式系统开始广泛使用数据库的基础之上，这个阶段最主要的特点是数据往往伴随着一定的运营活动产生并记录在数据库中。

（一）数据库技术的诞生与发展

数据库技术的诞生可以追溯到20世纪60年代，随着计算机硬件性能的提升和软件技术的发展，传统文件系统在数据管理方面的局限性日益凸显，迫切需要一种更加高效、安全、可靠的数据管理方式。1961年，通用电气公司开发了世界上第一个数据库管理系统（DBMS）—— Integrated Data Store（IDS），标志着数据库时代的到来。随后，层次数据库、网状数据库等早期数据库系统相继出现，为结构化数据的存储和管理提供了基础。

（二）关系型数据库的兴起与普及

1970年，IBM研究员E. F. Codd提出了关系模型，奠定了关系型数据库的理论基础。关系型数据库以其简洁的数据模型、强大的查询能力和良好的数据一致性，迅速成为数据库领域的主流技术。Oracle、IBM DB2、Microsoft SQL Server等关系型数据库产品的成功，推动了数据库技术在各行各业的广泛应用。

（三）运营式系统与结构化数据的积累

在运营式系统阶段，企业为了提高运营效率，开始将各种业务流程信息化，建立了一系列运营系统，如企业资源计划（ERP）、客户关系管理（CRM）、供应链管理（SCM）等。这些系统以数据库为核心，将企业运营过程中产生的各种结构化数据，如销售数据、库存数据、财务数据等，进行集中存储和管理。这些数据具有以下特点。

结构化：数据以表格形式存储，具有明确的字段和数据类型。

事务性：数据操作以事务为单位，保证数据的一致性和完整性。

历史性：数据记录了企业运营的历史轨迹，可用于分析和决策。

运营式系统阶段的数据积累为后续的数据分析和挖掘奠定了基础，但由于数据量相对较小、数据类型单一，尚未达到“大数据”的规模。

二、用户原创内容阶段

互联网的诞生促使人类社会数据量出现了第二次大的飞跃，特别是区别于由网站人员主导的 Web 1.0 时代，由用户主导而产生的 Web 2.0 时代最重要的标志就是用户原创内容。这类数据近几年一直呈现爆炸式的增长，特别是以博客、微博、微信为代表的新型社交网络的出现和以智能手机、平板电脑为代表的新型移动设备的出现，使人们在网上发表自己的意见更为便捷。用户原创阶段数据产生的方式是主动式的。

（一）Web 2.0 的兴起与用户生成内容的爆发

Web 2.0 的概念最早由 Tim O’Reilly 在 2004 年提出，它强调用户参与、互动和协作，鼓励用户生成内容（UGC）。博客、维基、社交网络等 Web 2.0 应用的兴起，极大地降低了用户发布和分享信息的门槛，使互联网上的数据量呈现爆炸式增长。

（二）社交媒体平台的崛起与数据生态的形成

QQ、微信等社交媒体平台的崛起，为用户提供了更加便捷的社交和信息分享渠道，同时也产生了海量的用户数据，包括用户个人信息、社交关系、行为数据、内容数据等。这些数据具有以下特点。

非结构化：数据形式多样，包括文本、图片、视频、音频等。

实时性：数据产生和传播速度快，时效性强。

社交性：数据反映了用户之间的互动和关系。

社交媒体平台的数据生态为大数据分析提供了丰富的素材，但也带来了数据隐私、数据安全等方面的挑战。

（三）移动互联网的普及与数据的随时随地产生

智能手机、平板电脑等移动设备的普及，使用户可以随时随地接入互联网，进行信息获取、社交互动、消费购物等活动。移动互联网的普及进一步推动了用户生成内容的增长，同时也产生了大量的位置数据、行为数据等，为精准营销、个性化推荐等应用提供了数据基础。

三、感知式系统阶段

随着技术的发展，人们有能力制造极其微小的带有处理功能的传感器，并开始将这些设备广泛地布置于社会的各个角落，通过这些设备对整个社会的运转进行监控。传感器源源不断地产生新数据，所有被动、主动和自动的数据共同构成了大数据的数据来源，而其中自动式的数据是大数据产生的最根本原因。

（一）物联网技术的兴起与发展

物联网是指通过各种信息传感设备，实时采集任何需要监控、连接、互动的物体或过程等各种需要的信息，与互联网结合形成的一个巨大网络。物联网技术的发展，使各种物理设备都能够接入互联网，实现数据的自动采集和传输。

（二）传感器网络的部署与数据采集

传感器是物联网的重要组成部分，它能够感知环境中的各种物理量，如温度、湿度、压力、光照等，并将其转换为电信号进行传输。随着传感器技术的进步，传感器的体积越来越小、功耗越来越低、成本越来越低，使大规模部署传感器网络成为可能。

（三）感知式系统与自动式数据的产生

感知式系统通过传感器网络实时采集各种环境数据、设备运行数据、用户行为数据等，这些数据具有以下特点。

海量性：传感器网络产生的数据量巨大，远远超过传统数据量级。

多样性：数据类型多样，包括结构化数据、非结构化数据、半结构化数据等。

实时性：数据产生和传输速度快，时效性强。

价值密度低：海量数据中蕴含的价值信息相对较少，需要进行有效的数据分析和挖掘。

感知式系统产生的自动式数据是大数据的重要组成部分，为智慧城市、智能交通、智能制造等应用提供了数据基础。

四、数据科学的兴起与大数据时代的到来

随着信息技术特别是信息通信技术的发展，互联网、社交网络、物联网、移动互联网、云计算等相继进入人们的日常工作和生活中，全球数据信息量呈指数级增长，国内外已经出现了“数据科学”的概念，即数据处理技术将成为一个与计算科学并列的新的科学领域。随着新一轮的数据革命，大数据引起了当今世界的量化革命，一切社会现象均可通过大数据定量分析进行说明。

（一）数据科学的定义与内涵

数据科学是一门跨学科的领域，它利用科学方法、流程、算法和系统从结构化和非结构化数据中提取知识和见解。数据科学融合了统计学、计算机科学、机器学习、数据挖掘、数据库技术等多个学科的知识，旨在从海量数据中发现规律、预测趋势、辅助决策。

（二）大数据技术的核心与挑战

大数据技术的核心在于对海量数据的存储、处理、分析和应用。大数据技术面临着以下挑战。

数据存储：如何高效地存储和管理海量数据。

数据处理：如何快速地对海量数据进行处理和分析。

数据分析：如何从海量数据中提取有价值的信息。

数据安全：如何保障数据的安全和隐私。

（三）大数据时代的机遇与挑战

大数据时代为各行各业带来了前所未有的机遇，同时也带来了巨大的挑战。大数据技术可以帮助企业提高运营效率、优化产品和服务、提升用户体验，但同时也需要企业具备相应的技术能力和数据素养，才能充分利用大数据带来的价值。

第三节　大数据在各行业的应用

一、大数据在制造业中的应用

（一）智能生产与预测性维护

传统的制造业生产过程往往依赖固定的操作流程和人员安排，生产效率和产品质量的提高受到许多因素的限制，且设备故障和生产中断不可避免地影响着生产进度和整体效率。在这种背景下，智能生产和预测性维护成为现代制造业的核心目标之一，而大数据技术则在其中发挥着至关重要的作用。

智能生产通过采用传感器、物联网设备和先进的计算分析技术，能够实时监控生产线上的各项数据，识别潜在问题并采取相应的优化措施。传感器数据如温度、压力、振动等可以帮助制造企业实时了解设备的工作状态，从而提高生产的可控性。例如，数据分析可以实时监测电动机、电池、发动机等核心生产设备的状态，提前预警设备的潜在故障，及时调整生产计划，避免设备停机带来的经济损失。

预测性维护依赖大数据技术的强大数据分析能力。通过大量的传感器数据，结合机器学习和人工智能算法，预测性维护能够帮助制造企业提前识别设备故障的征兆。相较于传统的预防性维护或事后修复，预测性维护可以显著提高设备的使用寿命并减少停工时间。例如，在风力发电行业，风力发电机组会安装多个传感器，实时监测风机的温度、湿度、振动等数据。通过对这些数据的分析，系统可以预测风机可能出现的故障类型，提前进行维修或更换部件，从而避免了风机因故障导致的长时间停机，最大化风机的发电效率和可靠性。

预测性维护技术不仅能够提高设备可靠性，还能大幅度减少维护成本。过去，制造业往往依赖定期的维修计划进行设备检查。这种方式虽然能够保证设备的基本运转，但可能会因设备状态良好而造成不必要的维护支出，而通过大数据的精确预测，企业能够根据设备的实时状态安排维修计划，避免无效的维修，节省人力、物力和资金。

（二）供应链优化

供应链优化是大数据技术在制造业中应用的一个关键领域。制造业的供应链管理是确保生产顺利进行的重要保障。传统的供应链管理往往依赖历史数据和经验判断，无法灵活应对市场变化。而大数据技术通过实时获取和分析来自不同渠道的数据，能够帮助制造企业实现更加精细化和智能化的供应链管理。

供应链管理的核心挑战之一是需求预测。在传统模式下，企业通常通过历史销售数据和市场趋势来预测未来的需求，这种方法虽然有效，但也容易受到市场突发变化、消费者行为波动等因素的影响。而借助大数据技术，企业可以收集来自全球范围内的需求数据、物流数据、库存数据等，结合实时的市场趋势进行更加精准的需求预测。例如，零售商通过大数据分析消费者的购买记录、天气变化、节假日活动等因素，可以精准地预测某一商品的需求，从而合理调配库存，避免因库存过剩或短缺而导致的销售损失。

大数据不仅可以帮助企业提升需求预测的准确性，还能优化供应链中的各个环节。从原材料采购、生产调度到物流运输，大数据都能够提供实时监控和智能化决策支持。在汽车制造业中，企业通过分析全球各地区的销售数据、原材料价格波动、物流运输时效等信息，能够精确预测零部件的需求和交货时间，提前做好生产准备，避免生产过程中因零部件短缺而停滞，降低库存成本。同时，物流优化也依赖大数据的应用。通过实时跟踪运输路线、库存位置等信息，企业能够优化运输路线、减少物流成本，并提高产品的准时交付率。

（三）个性化产品与定制化生产

随着消费者需求的不断变化，个性化和定制化成为制造业转型的重要趋势之一。大数据技术的应用，使制造业能够更加精准地捕捉市场和消费者的需求，并根据这些需求进行个性化产品设计和定制化生产。

在传统的制造业中，产品的设计和生产往往是基于大批量生产的模式，企业生产出统一规格的产品并推向市场。然而，随着消费者需求的多样化和个性化，传统的生产模式逐渐显现出其局限性。大数据技术通过分析消费者的购买行为、社交媒体上的互动、客户的反馈意见等信息，帮助企业了解消费者的具体需求，并以此为基础进行个性化产品设计。例如，服装制造商可以通过分析消费者的购买记录、社交媒体上的评论和反馈，了解消费者对某种款式或颜色的偏好，进而调整产品设计，推出符合市场需求的个性化产品。

大数据技术的应用能够促进定制化生产。随着消费者对个性化需求的不断增加，制造业正在逐步向定制化生产转型。通过大数据技术，企业可以根据消费者的个性化需求提供定制产品，并在短时间内完成生产调度和交货。例如，家具生产商通过收集并分析消费者的居住习惯、房屋面积、颜色偏好等信息，提供定制化家具设计服务，并根据这些数据调整生产计划，实现按需生产和快速交付。这一过程不仅提升了客户的满意度，也提高了企业的市场竞争力。通过大数据，企业还能够更好地理解市场趋势和消费者的偏好，快速响应市场需求变化，提高产品的市场适应性。大数据技术使制造业从“大规模生产”向“精细化定制”转型，推动了制造业的柔性生产和个性化发展。

（四）质量控制与缺陷检测

质量控制是制造业中的一项核心任务。传统的质量控制方法往往依赖人工检测和随机抽查，这不仅效率低下，还可能遗漏潜在的质量问题。随着大数据技术的发展，制造业逐渐将质量控制从人工检测转向自动化、智能化检测。大数据技术在质量控制中的应用极大地提高了产品的质量稳定性，降低了缺陷率，减少了生产过程中的浪费。

质量控制与缺陷检测通过实时监控生产数据，结合机器学习和人工智能算法，能够精准识别出潜在的质量问题。例如，在半导体生产过程中，通过对晶圆的生产数据进行实时监控，包括温度、湿度、时间等变量，系统能够精准判断生产过程中是否出现了微小的缺陷，并及时进行调整。通过这种方式，企业能够实现对生产过程的实时监控，自动化地识别出任何偏离质量标准的情况，从而减少不合格产品的生产，并提高产品的质量一致性。此外，人工智能和机器学习算法在质量检测中的应用，也极大提高了检测的效率和准确性。在传统的质量检测中，工人往往依赖肉眼检查或标准化仪器进行检测，容易出现遗漏和误差。而通过大数据和人工智能技术，质量检测可以自动化进行，并根据历史数据和生产经验，精确地识别出质量问题。例如，在汽车制造中，通过对生产线上的每一个环节进行数据采集和分析，系统可以自动识别出潜在的质量问题，并及时给出改进建议。大数据技术的应用不仅提高了产品的质量，还提高了生产效率和企业的盈利能力。

二、大数据在金融业中的应用

（一）风险管理与信用评估

金融行业是高度依赖风险管理的领域，银行、证券公司、保险公司等金融机构面临的风险种类繁多，包括信用风险、市场风险、操作风险等。传统的风险管理手段往往依赖历史数据、财务报表、专家评估等方式，虽然能够为金融机构提供一定的参考，但这些方式的局限性也逐渐暴露。大数据的引入为风险管理带来了革命性的变革，它通过集成和分析来自不同渠道的大量数据，帮助金融机构对风险进行更加全面和精准的评估。

1. 信用评估

信用评估一直是金融机构的重要职能之一，尤其在贷款、信用卡发放等业务中，评估客户的信用状况直接关系到金融机构的资金安全。传统的信用评估方法主要依赖客户的财务状况、资产负债情况以及信用历史记录等。然而，随着社会的数字化进程，客户的信用状况不再仅仅由传统的财务数据决定，越来越多的非传统数据开始对信用评估起到重要作用。

大数据技术使金融机构能够引入更加多样化的信用评估因素。例如，分析客户的社交媒体数据、在线购物行为、支付记录等，这些信息能够为金融机构提供更全面的客户行为画像。客户的社交媒体活动、发帖内容、评论互动等不仅反映了其个人兴趣和消费习惯，也能间接反映其信用风险。通过对这些非传统数据进行深度挖掘，金融机构能够更加精准地评估客户的信用风险，从而作出更为合理的贷款决策，降低坏账率和违约风险。

2. 风险预测

市场风险通常指的是由于市场价格波动而造成的损失，如股票价格、汇率、商品价格等的波动。而操作风险则是由内部系统、流程或人员失误引起的损失。

大数据的实时分析能力使金融机构能够更快速地识别市场波动和潜在风险。通过收集来自全球市场的实时数据，结合历史数据和趋势分析，金融机构可以预测市场的未来走势，及时调整投资策略，避免大规模的损失。大数据分析还可以帮助金融机构监控操作风险。例如，通过对员工交易行为、内部流程执行、后台操作等进行分析，金融机构能够发现潜在的操作失误或舞弊行为，从而增强内部控制。这种基于大数据的风险管理方式不仅能够提高风险预测的准确性，还能够提前采取措施，降低风险带来的潜在损失。

（二）精准营销与客户分析

精准营销是现代金融行业的重要组成部分。大数据技术的广泛应用使金融机构能够更加深入地了解客户需求，提供个性化的金融产品和服务。这种个性化的服务不仅提升了客户体验，还帮助金融机构提高了市场份额和客户忠诚度。

1. 客户行为分析

客户的行为和偏好是金融机构提供精准服务的关键。通过大数据技术，金融机构能够收集和分析客户的历史交易记录、投资偏好、社交媒体活动等信息，从而更好地了解客户的需求。例如，银行可以通过分析客户的消费习惯、存款习惯、投资偏好等数据，为客户量身定制合适的理财产品和贷款方案。与此同时，金融机构还可以利用大数据技术来识别客户的潜在需求，提前推送相关的金融服务。例如，在特定的节假日或促销活动期间，银行可以基于历史交易数据和客户兴趣推送贷款产品或信用卡优惠信息，提高营销的有效性。

2. 个性化金融产品推送

随着客户需求的多样化，金融产品的同质化竞争也愈加激烈。大数据技术的应用使金融机构能够根据客户的个人信息和行为数据，精确推送个性化的金融产品。例如，信用卡公司通过分析客户的消费习惯、支出类别和频次，能够推送最符合其需求的优惠活动或信用卡产品。对于高净值客户，金融机构可以利用大数据技术进行深度分析，提供定制化的财富管理服务。通过这种方式，金融机构不仅能够提高客户的满意度，还能提升客户黏性，增加产品的销售机会。

3. 实时客户服务与互动

大数据使金融机构在客户服务方面实现了实时响应。通过分析客户的行为和反馈，金融机构可以实时调整服务策略，提升客户体验。金融机构通过分析客户在各类渠道上的互动情况，能够及时发现客户问题并提供解决方案。例如，客户在银行的移动端应用上遇到操作问题时，系统能够根据用户行为数据快速识别问题并提供帮助。这种数据驱动的客户服务模式极大地提高了客户满意度和服务效率。

（三）反欺诈与安全监控

金融行业是欺诈行为的高发领域。随着金融交易的数字化，欺诈行为的复杂性和隐蔽性也在不断增加。大数据技术通过实时监控交易数据、识别异常行为、预测欺诈风险等方式，大大提升了反欺诈能力。金融机构能够通过深度分析交易数据，及时发现潜在的欺诈行为，从而保护客户资金安全。

1. 异常行为识别

传统的反欺诈手段主要依赖规则和历史数据，这些方法虽然能够识别出一些常见的欺诈行为，但面对新型的欺诈手段时往往无能为力。大数据技术的引入使金融机构能够通过机器学习、数据挖掘等技术，实时识别异常行为。通过分析客户的交易模式、地理位置、交易金额等数据，系统能够识别出与正常行为不符的交易，并立即发出警报。例如，金融机构通过监测客户的地理位置和消费模式，能够识别出在客户不常出现的地区进行的大额交易，从而判断是否为欺诈行为。

2. 实时欺诈检测与响应

基于大数据的反欺诈系统能够实现实时监控和自动化处理，极大地提高了欺诈行为的识别效率。金融机构通过实时分析交易数据，能够在交易发生的瞬间识别出潜在的欺诈行为，并立即采取措施。例如，金融机构可以在客户的银行卡消费过程中识别出非正常交易，立即冻结卡片并通知客户。这种实时欺诈检测系统大大降低了欺诈风险，保障了客户的资金安全。

3. 欺诈行为预测与预防

大数据分析能够帮助金融机构预测潜在的欺诈行为。通过对历史交易数据、社交媒体数据、客户行为等进行深度分析，金融机构可以识别出欺诈行为的模式，从而制定有效的防范措施。通过预测未来可能发生的欺诈行为，金融机构能够采取预防措施，降低欺诈发生的风险。例如，金融机构可以通过分析客户的社交网络和交易历史，识别出那些存在欺诈风险的账户，采取限制措施或额外验证，从而有效防止损失。

（四）智能投资与资产管理

大数据不仅为金融机构提供了精准的客户分析和风险评估工具，也为资产管理和投资决策提供了强有力的支持。通过对市场行情、公司财报、新闻资讯等大量数据的实时分析，金融机构能够作出更加精准的投资决策，最大限度地降低投资风险，提升回报。

1. 智能投资与市场分析

在投资决策方面，大数据技术使金融机构能够快速分析市场动态、经济指标、公司财报等海量信息，作出更加精确的投资决策。通过数据分析，金融机构能够识别出市场中的投资机会和风险，帮助投资者制定合理的投资策略。例如，股票分析师可以通过大数据技术分析市场动态、行业趋势、公司盈利状况等，预测股票价格的波动，从而帮助投资者进行资产配置。

2. 自动化交易与智能顾问

金融科技的快速发展使个人投资者也能够利用大数据技术进行智能投资。通过智能投资顾问和自动化交易系统，个人投资者可以根据自身的投资目标、风险承受能力等信息，自动生成投资组合，并进行实时调整。例如，某些资产管理平台通过智能投资顾问根据客户的风险偏好、投资目标等因素，自动为客户设计投资策略，并通过自动化交易系统执行投资决策。这样不仅节省了客户的时间，还减少了人为判断的误差，提高了投资效率。

3. 资产配置与风险管理

大数据技术使金融机构能够更加科学地进行资产配置和风险管理。通过对市场和客户数据的实时分析，金融机构可以为客户提供定制化的资产配置建议，最大化客户资产回报。例如，金融机构通过分析市场数据、投资品种的历史表现、客户的财务状况等信息，提供合理的资产配置方案，并根据市场变化实时调整投资组合，从而达到降低风险、优化回报的目的。

三、大数据在医疗与健康管理中的应用

（一）精准医疗与个性化治疗

精准医疗是大数据在医疗领域最重要的应用之一，它基于大数据技术，结合基因组学、临床数据、患者生活方式和环境因素等多维度数据，为每个患者提供个性化的治疗方案。这种方法强调通过对患者的基因组数据、病史、疾病类型、治疗反应等信息的全面分析，为患者量身定制个性化治疗计划，避免了传统医疗中“一刀切”的治疗模式。

精准医疗的核心理念在于“个体化”，即根据患者的独特背景和生理特征来选择最合适的治疗方法。传统的医疗方法通常采用统一的治疗方案，基于相似的疾病表现给不同患者使用相同的药物和治疗计划，但这种治疗方法忽略了每位患者在基因、免疫系统、生活习惯等方面的差异。而精准医疗则通过综合分析患者的基因组数据，结合环境因素、生活习惯和其他医学数据，帮助医生确定个性化的治疗方案。例如，癌症治疗是精准医疗的一个典型应用。在癌症治疗中，不同患者对化疗、靶向治疗或免疫治疗的反应各不相同。通过大数据分析，医生可以根据患者的基因突变类型、癌症发展阶段及其他生物标志物，为患者量身定制化疗方案。通过基因组学技术，研究人员发现某些癌症患者特定的基因突变与化疗药物的疗效密切相关。因此，利用大数据分析患者的基因信息，可以帮助医生选择最合适的药物，不仅提高了治疗的成功率，还减少了不必要的副作用，从而提高了患者的生活质量。精准医疗的另一个重要应用是在慢性病管理方面。例如，对于糖尿病患者，传统的治疗方法往往依据普遍的临床标准来制订治疗方案，而精准医疗则通过分析患者的基因数据、日常生活习惯、体内的胰岛素反应等，帮助医生制订个性化的治疗计划。通过实时监测患者的健康状况，医生可以根据患者的实时数据调整药物剂量和饮食计划，达到更好的治疗效果。

大数据技术还可以应用于疾病风险预测。例如，基因组学研究显示，某些基因变异与心脏病、高血压等慢性病密切相关，医生可以利用大数据技术提前预测患者的健康风险，为患者提供个性化的预防措施，降低疾病发生的概率。

（二）电子健康档案与数据整合

电子健康档案（EHR）是大数据在医疗行业中的一个重要应用。EHR 技术通过将患者的病历、治疗方案、诊断结果、实验室报告等信息电子化并存储在云平台上，实现了患者信息的数字化、即时更新和跨医院共享。随着医疗信息化的不断发展，EHR 技术不仅提高了医疗服务效率，还为医疗机构提供了更全面的患者数据支持。

1. 实时更新与跨机构共享

传统的医疗记录往往是纸质的或基于局部系统管理，导致患者的信息不易整合、查询和共享。随着大数据技术的应用，EHR 系统能够将患者的所有医疗数据统一整合，通过云计算平台存储和管理，使不同医院、不同科室之间能够实时共享患者的医疗信息。这不仅减少了患者重复检查和误诊的情况，还缩短了患者的就医流程，提高了医疗服务的效率。例如，当患者到不同的医院或医疗机构就诊时，医生可以通过电子健康档案快速获取患者的历史病史、过往诊疗记录、手术史、过敏史等信息。这些信息为医生提供了全面的参考，帮助他们作出更为精准的诊断决策，减少了患者因重复检查而带来的时间和经济负担。同时，跨医院的信息共享使患者能够到更为及时的治疗，尤其在急诊情况下，患者的历史病历可以立即被共享，帮助医生迅速作出决策。

2. 数据整合与综合分析

通过大数据技术，EHR 不仅可以存储患者的静态信息，还可以与患者的其他健康数据源进行实时整合和分析。各种不同来源的数据，如电子病历、实验室结果、影像学数据、患者监测设备数据等，都可以通过大数据技术进行融合，从而帮助医生作出更准确的诊断。特别是在慢性病管理、老年人健康监测等领域，通过整合患者的长期健康数据，医生能够跟踪患者的健康趋势，及时进行干预和调整治疗方案。例如，对于慢性病患者，医生可以实时监控患者的血糖、血压、心率等数据，并通过数据分析模型识别出潜在的健康风险。在这种模式下，医疗服务变得更加个性化、预防性和精确化，有助于降低整体医疗成本，减少因疾病管理不善而引发的并发症。

3. 避免医疗差错与增强治疗效果

EHR 的应用大大减少了医疗差错的发生，尤其是在多重用药、过敏反应等方面。医生可以通过系统自动化提醒，避免为患者开具禁忌药物，确保治疗方案的安全性。比如，当患者的用药史被记录在 EHR 中时，系统会自动识别药物的相互作用，提醒医生避免不适合的药物组合。此外，EHR 还支持数据的持续更新和随时访问，使医疗机构能够快速响应患者的健康变化，提高治疗的及时性和效率。这种数字化、信息化的管理模式帮助医疗机构建立更加标准化和透明的医疗流程，提高了患者对医疗服务的信任感。

（三）疾病预测与流行病监控

大数据技术的应用极大地提高了疾病预测和流行病监控的能力。传统的疾病预测和流行病监控方法往往依赖人力资源和定期报告，而大数据技术的引入，使公共卫生部门能够实时获取各类健康数据和环境数据，从而提前预测流行病的暴发，并采取有效的应对措施。

1. 流行病监控

通过大数据技术，卫生部门能够实时跟踪并分析来自医院、诊所、公共卫生机构的数据，包括就诊记录、疫情报告、患者症状等信息。同时，社交媒体、互联网搜索数据也成为流行病监控的重要数据源。例如，谷歌和其他搜索引擎通过分析用户的搜索行为，能够提前发现流感等疾病的传播趋势，及时发出预警。这种基于大数据的预测能力，可以帮助政府和卫生机构在流行病暴发之前采取措施，减少疾病的传播和扩散。

2. 健康趋势预测

大数据能够帮助卫生部门预测慢性病的流行趋势。通过分析不同地区、不同人群的健康数据，政府和医疗机构可以预测糖尿病、高血压、心血管疾病等慢性病的发生率，为公共卫生政策的制定提供数据支持。对于慢性病高风险群体，医生可以根据预测数据提供早期干预方案，帮助患者改善生活方式，降低疾病风险。

3. 实时反应与决策支持

通过大数据分析，公共卫生部门能够在发生突发公共卫生事件时作出及时反应。例如，在传染病疫情暴发期间，医院和卫生部门可以通过大数据平台实时监控疫情的传播状况、患者分布、治疗效果等信息，快速调整资源分配，调配医疗物资和人员，及时处理疫情。此外，大数据还可以帮助政府根据不同地区的疫情状况优化医疗资源配置，确保患者能够在最快的时间内得到救治。

（四）医疗资源优化与运营管理

医疗行业面临着资源配置不均、医疗服务效率低下等问题，而大数据技术的应用为医疗机构的资源优化和运营管理提供了强有力的支持。通过对大量医疗数据的分析，医院和诊所能够提高运营效率，优化资源配置，改善患者的就医体验。

1. 医疗资源调度与排班优化

在医院运营中，如何合理调度医疗资源是一个复杂的任务。通过大数据分析，医院可以实时了解病床使用情况、医生和护士的工作状态、患者就诊时间等数据，从而优化医疗资源的调度。例如，在急诊时段，医院可以根据实时数据调整急诊科室的医生排班，确保患者能够及时得到治疗。对于住院患者，医院可以通过数据分析预测住院时间，优化床位使用，避免床位资源的浪费。

2. 减少医疗浪费与提高效率

大数据技术能够帮助医疗机构减少不必要的医疗浪费。例如，通过分析患者的就诊记录和治疗方案，医院可以发现哪些治疗方法存在重复、无效或不必要的情况，进而对医疗流程进行优化，减少无效检查和重复治疗。通过智能化的数据分析和资源管理，医院能够提高运营效率，减少资源浪费。

3. 提高患者满意度与服务质量

大数据技术能够帮助医院了解患者的需求和反馈，从而提高医疗服务质量。通过分析患者的评价、投诉和反馈，医院可以识别出服务中的不足，及时调整服务策略。例如，医院可以根据患者的需求和就诊情况优化就诊流程，缩短患者的等待时间，提升患者的满意度。同时，通过大数据分析，医院可以为患者提供个性化的服务，如根据患者的历史病历和需求推荐适合的医生和治疗方案，增强患者的体验感。

第四节　大数据在财务管理中的潜力

一、数据量的爆炸式增长

（一）财务数据的多维度增长

1. 结构化数据的继续作用与局限

结构化数据在财务管理中依然发挥着核心作用，尤其是在传统企业的日常运营中，其重要性尤为突出。结构化数据是具有固定格式和模式的、可以由计算机进行处理和分析的财务信息，通常涉及的内容包括每月的收入、支出、税务负担、账单、发票、现金流等。这些数据被保存在关系型数据库中，例如SQL数据库，可以通过标准化的表格进行存储、查询和操作。企业能够借助这些数据有效地生成财务报表、进行财务审计、制定预算和进行税务申报等。在结构化数据的管理过程中，企业通常会使用各类财务软件和工具，如财务会计软件、企业资源规划（ERP）系统等来进行操作。这些工具帮助财务人员实现高效的日常财务管理，并确保数据的准确性与合规性。通过结构化数据，企业可以迅速评估经营活动的效果，提供透明、及时的财务信息供决策层使用。然而，随着业务环境的不断变化和企业运营模式的日益复杂，单一依赖结构化数据已经逐渐无法满足现代企业对数据全面性的需求。结构化数据的局限性表现在多个方面。首先，传统的结构化数据无法充分反映非财务因素的变化，如市场趋势、消费者行为、行业新闻等因素对于企业财务决策的影响是深远且复杂的。其次，结构化数据通常无法准确处理复杂和动态的信息流动，特别是在跨部门、跨地区的多维度业务环境中，企业的财务管理系统往往显得僵化，难以快速响应变化。

2. 非结构化数据的增加与挑战

非结构化数据是指没有固定格式和模式的数据，通常包括文本、图像、音频、视频以及来自社交媒体、客户评论、博客文章等的开放数据。这类数据通常难以直接输入传统的财务系统中，但它却成为现代企业决策过程中不可忽视的重要资源。随着互联网的普及以及数字化营销和社交媒体的兴起，企业在获取市场反馈、了解客户需求、监测行业趋势等方面越来越依赖非结构化数据。这些数据为企业提供了一个与客户互动、洞察市场情感和分析竞争环境的独特窗口。例如，社交媒体上的客户评论和品牌评价、产品评测网站上的用户反馈以及在线论坛中的讨论内容都为企业提供了丰富的消费者情感和市场动向的实时数据。通过对这些数据进行情感分析和文本挖掘，企业可以获取客户对某一产品或服务的喜好、痛点以及需求变化等关键信息。更进一步地，非结构化数据为企业的财务决策提供了全新的思路和方法。企业可以根据社交媒体和用户反馈的趋势，及时调整产品的生产计划、市场推广策略和资源配置，进而优化财务预算、调整销售目标以及制定相应的风险控制措施。然而，处理非结构化数据也面临着巨大的挑战。首先，非结构化数据的数据量庞大且复杂，直接进行传统财务分析是困难的。其次，这些数据的来源广泛且形式多样，如何高效地从海量信息中提取出有价值的数据，成为企业必须面对的问题。为此，企业需要借助自然语言处理、情感分析、图像识别、机器学习等先进的人工智能技术来对这些数据进行处理和分析。

3. 半结构化数据的作用与复杂性

半结构化数据是介于结构化数据与非结构化数据之间的一种数据类型。它包括某些固定结构的信息，但同时也具有一定的灵活性，常见的形式包括 XML、JSON 等格式的数据。与结构化数据不同，半结构化数据的格式和内容并不是完全一致的，它可能包含有标签或标记的数据，能够提供一定的上下文信息，但并不具备完全的结构化形式。企业的采购订单、销售合同、发票记录、电子邮件等信息常常以半结构化数据的形式存在。尽管它们看似缺乏统一的格式，但这些数据中蕴含的业务信息却是极为丰富和重要的。

在财务管理中，半结构化数据的价值不可忽视。举例来说，企业可以通过解析销售合同的文本，提取出合同的金额、付款条件、交货时间等信息，这些信息能够实时反映企业的销售状况和现金流动。对于企业而言，如何高效地从这些半结构化数据中提取出关键信息并将其转化为可供分析的数据，是提高财务决策效率的重要途径。通过采用数据预处理技术，企业可以将这些半结构化数据转化为结构化数据，从而使其能够进入传统的财务管理系统进行处理与分析。然而，半结构化数据的处理面临的挑战也不容忽视。首先，由于半结构化数据的灵活性，它可能具有不同的数据模型和结构，因此在处理时需要更多的预处理工作。其次，如何在保证数据准确性的前提下快速有效地提取有价值的信息，是一个技术难题。现有的数据库和分析工具往往无法直接处理这类数据，因此企业需要开发或购买专门的工具进行处理。最后，半结构化数据的格式复杂多变，也要求财务人员具备更高的技术素养，能够熟练运用数据处理和分析的技术手段。

（二）数据增长带来的挑战与机遇

1. 数据处理的复杂性

在现代企业运营中，数据已经成为推动决策、优化流程和提升竞争力的重要资源。然而，随着数据来源的多样化和复杂性的增加，企业面临的挑战也愈加严峻。传统的财务数据通常来源于企业内部系统，诸如账本记录、交易明细、账务凭证等，且这些数据以结构化的形式呈现，便于处理和分析。然而，随着企业经营模式的多元化，越来越多的数据来自外部，如市场营销数据、客户反馈、供应链信息、社交媒体互动等，这些数据不仅形式多样，而且数量庞大、频繁更新，对数据处理提出了更高的要求。例如，市场数据通常是实时生成的，且包含了大量的非结构化数据，如文本、图片、视频等。这类数据的处理需要大量的计算资源，并且传统的关系型数据库（如 SQL 数据库）已经无法高效地存储和处理这些数据。因此，企业必须引入大数据技术，如 Hadoop 和 Spark 等分布式计算平台以及 NoSQL 数据库，这些技术能够处理大规模、分布式的数据集，满足企业在数据存储和处理上的需求。尤其是实时数据的处理需求，进一步增加了数据管理的复杂性。企业需要构建高效的实时数据处理平台，利用流式数据处理技术，通过 Kafka 等工具进行数据的实时采集、存储和分析。

随着企业在全球范围内的扩展，涉及的财务数据不是局限于一个地域或市场的情况，跨国经营带来了文化、语言、法律等多维度的差异，增加了数据整合和分析的难度。例如，不同国家的税务政策、货币汇率、供应链管理方式等因素，都会对财务数据的处理方式产生影响。在这种环境下，如何有效整合来自不同来源、不同格式、不同时间周期的数据，成为大数据时代财务管理的难题。企业必须依靠跨平台的数据整合工具，借助数据仓库技术，进行多维度的数据整合与分析。因此，数据处理的复杂性不仅表现在数据量的庞大和处理速度的要求上，更体现在多样化的数据类型和动态变化的市场环境中，企业需要不断更新和优化数据处理架构，提升数据分析能力，才能更好地应对这种复杂的数据挑战。

2. 技术创新带来的机遇

大数据技术的飞速发展为企业带来了前所未有的机遇，尤其是在财务管理领域。传统的财务管理方式通常依赖手动的账目录入、静态的财务报表以及历史数据的分析，决策的效率和精准度往往受到数据收集与处理周期的限制。随着大数据技术的引入，企业能够实现数据的实时监控与分析，大幅提高财务决策的时效性与准确性。

云计算、大数据平台、人工智能等技术的融合，使企业可以将海量的业务数据存储于云端，并通过大数据分析平台进行处理和分析。这些平台不仅能够自动化地处理企业日常生成的大量财务数据，还能够进行数据挖掘，发现潜在的业务趋势和市场机会。例如，通过云计算，企业可以将全球各地的数据整合到一个集中平台，借助大数据分析工具对其进行多维度的分析，从而实时发现市场的动态变化，帮助财务部门优化预算、调整现金流、分析成本和利润等。

大数据技术还为企业提供了强大的风险控制能力。在传统财务管理中，风险的评估通常是基于历史数据的统计分析，决策较为滞后，可能错过最佳的应对时机。而借助大数据分析，企业可以实时监测供应链的变化，掌握各类风险指标的动态波动，从而提前进行预警和调整。例如，在供应链管理中，通过实时分析采购订单、库存数据、生产进度等，企业能够更精确地预测需求，避免库存积压和生产延误，减少资金浪费和财务风险。

人工智能和机器学习的结合，进一步推动了财务管理的创新。人工智能技术可以分析企业历史财务数据，并通过深度学习算法预测未来的财务趋势，为财务决策提供科学依据。例如，人工智能可以根据企业历史财务数据、市场行情以及行业走势，自动生成财务报告、优化预算方案，并对资金流动进行预测。

通过自动化的智能分析，企业不仅能够提高财务决策的效率，还能够更精确地把握未来的经济趋势，从而做到“预见未来”，而不是仅仅“响应过去”。此外，人工智能技术的引入使财务数据的处理更加精准高效。在传统的财务管理中，数据的人工处理和手动审核会导致错误率较高，且效率较低。人工智能能够自动化地进行数据审核、异常检测和财务预测，极大提高了财务管理的精度与效率。

3. 提高决策效率与准确性

大数据技术的引入为企业财务管理带来了巨大的转变，尤其是在提高决策效率和准确性方面，起到了至关重要的作用。在传统的财务管理模式中，企业通常依赖历史财务报表和定期财务数据的汇总来作出决策，这种方式存在较大的时效性问题。例如，财务报表通常是按月或按季度生成的，决策者在作出战略决策时，往往是基于历史数据，这就可能错失市场瞬息万变中的机会。与此相比，借助大数据技术，企业能够实现财务数据的实时采集和分析，为决策者提供即时和更加精准的信息。

企业通过大数据分析，可以实时监控市场动态、客户行为和行业趋势等各类数据，从而为财务决策提供更加及时的支持。例如，企业可以通过分析客户购买行为、订单量、退货率等数据，快速判断市场需求的变化，并及时调整销售策略和生产计划。在大数据环境下，企业的决策不仅是基于过去的数据，还能加入市场的实时反馈，做到更加精准的预判和决策。这种基于实时数据的决策方式，大大提升了企业对市场的应变能力，帮助企业在竞争中抢占先机。此外，大数据技术还能提高决策的准确性。通过对大量的历史数据、市场数据、客户行为数据等进行深入分析，企业可以发掘出潜在的财务风险、市场机会和经营瓶颈。例如，企业可以通过数据挖掘技术，分析财务数据中的异常波动，预测潜在的财务风险，并采取相应的预防措施。

（三）建立高效的数据处理系统

1. 云计算平台的引入与数据存储

云计算平台的引入对于企业数据存储与处理方式的革新具有深远的影响。在传统的数据管理模式下，企业通常依赖本地服务器进行数据存储和处理，虽然这种方式在早期阶段能够满足一定的需求，但随着数据量的不断增加，传统的存储方式面临着诸如存储空间不足、处理能力限制、硬件故障维护成本高等问题。这些问题不仅影响了数据处理的效率，还限制了企业对大数据的实时分析和利用。而云计算技术的出现，为企业提供了一种更加灵活、高效且成本可控的解决方案。

云计算平台采用分布式的计算和存储架构，使数据能够以更高的效能进行处理与存储。通过云平台，企业能够动态扩展计算资源，快速响应不断变化的业务需求。云服务商提供的计算资源可以按需进行调整，使企业不再需要为硬件的容量和性能限制担忧，从而有效避免了对大量硬件设备的投资和后期维护的高昂费用。云计算平台还能够通过虚拟化技术，使企业能够在同一硬件资源上实现多重计算任务的并行处理，极大提高了资源利用效率。通过云计算，企业的数据存储方式不再局限于本地硬盘，而是通过云存储服务将数据存放在多个数据中心，实现了数据的冗余备份和灾备方案，提高了数据的安全性和可靠性。这一方式不仅优化了存储结构，还增强了企业对突发数据需求的应对能力，特别是在大数据时代，企业可以根据需求随时扩大存储容量，而不必担心硬件故障带来的数据丢失或停机时间。进一步地，云计算还支持企业将数据存储和计算任务外包给专业的云服务提供商，企业可以专注于核心业务和决策制定，而将繁重的数据管理工作交由专业云平台完成，从而提高了企业运营的灵活性和业务响应速度。

2. 大数据分析平台的建设与应用

为了高效地处理和分析日益增长的数据，企业需要建立功能强大的大数据分析平台。这些平台不仅能够处理结构化数据，还能应对半结构化和非结构化数据的分析需求，极大地拓宽了数据利用的边界。大数据分析平台的核心是其强大的数据处理能力和先进的算法支持，它们通过分布式计算技术，特别是 Hadoop 和 Spark 等开源框架，实现对海量数据的并行计算和处理，从而提高了数据处理的效率和精度。

Hadoop 框架通过分布式存储和计算的设计，能够将大量的数据分布到多个节点上，并通过 MapReduce 算法进行数据处理。这一过程不仅能够实现数据的快速处理，还能确保系统在大规模数据环境下的稳定性和高效性。Spark 则在 Hadoop 的基础上，通过内存计算技术大幅提升了数据处理速度。Spark 支持更灵活的操作，不仅可以处理批量数据，还能进行流数据的实时分析。这对于企业来说，尤其是面对需要即时反应的财务数据时，提供了巨大的便利。通过大数据分析平台，企业能够实时监控和分析来自各个环节的数据，包括财务数据、市场数据、客户数据、供应链数据等，形成一个全面的数据流。在财务管理中，企业可以利用这些平台进行动态的财务分析，识别潜在的财务风险，分析成本和利润结构，进行预算编制和现金流管理等。例如，企业可以利用大数据分析平台对过去一段时间内的销售数据、市场趋势和消费者行为进行深入分析，从而预测未来一段时间内的销售情况和财务状况，提前作出资源调整和财务规划。

大数据分析平台还支持机器学习和人工智能技术的应用，进一步提高了财务分析的准确性和智能化水平。例如，企业可以通过机器学习算法，对历史财务数据进行建模分析，预测未来的财务趋势，或基于实时数据评估风险并进行自动化预警。这些技术的应用不仅提高了财务决策的效率，也使企业能够在竞争激烈的市场中占据有利位置，做到快速响应和精准决策。

3. 专业数据分析团队的建设

虽然大数据分析平台和云计算技术提供了强大的技术支持，但真正能够实现数据的有效利用和决策的优化，还需要依赖具备专业能力的数据分析团队。数据分析团队不仅需要具备深厚的数据分析技术能力，还需要具有丰富的行业经验和商业理解，才能从庞杂的数据中提取出真正有价值的信息，进而为企业的财务管理和战略决策提供可靠的支持。

数据分析团队的核心职责是通过对大数据平台中海量数据的深度挖掘，发现潜在的市场趋势、客户需求、供应链瓶颈等关键信息，并将其转化为决策支持工具。在财务管理中，数据分析团队能够帮助企业识别潜在的财务风险，预测未来的资金流动趋势，进行预算优化，或对不同的财务指标进行动态监控，确保企业能够及时应对市场变化和内部管理的挑战。例如，数据分析团队可以通过对财务数据、运营数据和市场数据的联合分析，预测企业的现金流状况，并根据预测结果及时调整资金安排，确保财务稳定。

二、数据类型的多样化

（一）结构化数据的优势与局限

1. 结构化数据的优势

结构化数据在财务管理中具有显著的优势，其主要体现在数据的高度可管理性、清晰的格式和标准化性质上。结构化数据是指按照预定的模式、字段、格式进行存储的数据，通常表现为表格形式，易于通过关系型数据库管理系统存取。这种数据的形式通常包括财务报表、账单、现金流、资产负债表等，具有明确的字段和预定义的类型，如金额、日期、类别等，从而使数据存储、检索和分析变得高效和可靠。

结构化数据的重要优势之一是其管理的简便性。通过标准化的格式和统一的存储方式，企业的财务数据能够得到系统化的存储和处理，避免了数据的冗余和混乱。财务人员可以轻松使用诸如 SQL、Excel 等传统数据处理工具进行数据输入、查询、排序、筛选和汇总。对于财务分析人员来说，结构化数据能够帮助他们快速生成财务报表、进行预算编制和趋势分析，进而提供给决策者明确的财务视图。这种数据处理方式的高效性使财务管理人员能够专注于业务分析与战略规划，而非烦琐的数据整理。结构化数据的另一个重要优势在于其可重复性和标准化，能够支持大规模的财务数据处理。例如，企业的月度财务报表或年度审计报告通常包含标准化的资产、负债、收益、成本等财务指标，这些指标通过标准化的处理流程可以很容易地反映企业的财务状况。由于结构化数据的清晰性和可操作性，企业可以利用这一数据为决策提供重要的依据，确保在预算、资金流动、成本控制等方面作出精准的决策。

2. 结构化数据的局限性

尽管结构化数据在财务管理中占据重要地位，但随着信息化进程的加速、企业经营环境的日益复杂以及数据来源的多样化，传统的结构化数据已无法满足现代企业日益增长的需求。现代企业的财务管理不仅依赖来自财务系统的基本数据，还需要实时获取市场趋势、客户行为、供应链管理、社交媒体互动等多方面的数据来支持决策。这些数据往往并不符合结构化数据的严格格式要求，许多业务数据如客户反馈、产品评价、社交媒体内容等，属于非结构化或半结构化数据，它们无法通过传统的关系型数据库系统有效存储和处理。例如，客户在社交媒体上的评论、在线交易记录、产品使用数据等，通常是非结构化数据，这些数据通常呈现为文本、图像、视频等格式，缺乏固定的字段和标准格式，难以直接存入传统的数据库中。因此，依赖结构化数据的财务管理系统无法在短时间内处理这些复杂且变幻莫测的数据，导致企业在作出决策时可能忽略了市场动态和客户需求的变化，从而错失竞争机会。另外，随着企业的数字化转型和跨国运营的推进，企业面临的数据量和数据种类也急剧增加。以供应链管理为例，全球化的供应链需要处理来自不同地区、不同供应商的信息，这些信息往往具有时间、语言、货币等多维度的差异。在这种环境下，传统的结构化数据分析方法显得力不从心。企业可能无法迅速获取关于供应商、库存、销售等信息的全景视图，也难以快速进行多维度分析，以应对市场的不确定性。

3. 向大数据分析转型的需求

为了弥补结构化数据的局限性，企业必须引入大数据分析技术，以应对数据多样化和复杂化的挑战。大数据分析不仅是一种技术转型，它还涉及数据处理方式、存储架构、分析模型等多个方面的创新。企业需要通过构建大数据分析平台，将传统的结构化数据与来自市场、客户、供应链、社交媒体等多维度的非结构化和半结构化数据结合起来，进行全面的数据分析。

大数据技术如 Hadoop、Spark 等分布式计算平台，为企业提供了强大的数据处理能力。通过这些平台，企业可以将大量数据存储在数据湖中，利用分布式存储技术对海量数据进行高效管理，并借助机器学习和人工智能技术，进行深度分析和模式识别。例如，Hadoop 能够将数据分布式存储，并通过 MapReduce 框架实现大规模并行处理，从而快速响应大量数据的处理需求；Spark 则是在 Hadoop 基础上进行优化，提供更高的计算速度和实时处理能力，能够支持企业在动态市场环境中进行即时决策。

在这个过程中，企业不仅要在技术层面上进行转型，还需要在管理层面上进行相应的调整。大数据分析平台的建设需要跨部门的协作，包括信息技术部门、财务部门、运营部门等。为了更好地利用大数据技术，企业需要确保不同部门之间的数据流通和共享，从而打破传统数据孤岛的局限，使数据分析结果更加全面和精准。另外，企业通过大数据技术还能够提高财务决策的灵活性和准确性。例如，企业可以实时监控来自不同渠道的数据，如销售数据、市场反馈、生产情况等，快速作出资源调整与预算优化，降低资金流动的风险。在数据驱动的决策过程中，传统的基于历史数据的分析被实时、动态数据分析替代，从而增强了企业对市场变化的敏感度，提升了应变能力。

（二）非结构化数据的潜力

1. 非结构化数据的特征与挑战

非结构化数据是指没有固定格式、无法通过传统的数据库管理系统直接处理和存储的数据。这类数据的特征使它们在形式和存储方式上与结构化数据有着显著的区别。非结构化数据包括文本、图像、音频、视频以及社交媒体内容、电子邮件、博客、客户评论等，它们在数据模型和格式上都不具备统一性，通常是自由流动的、无规则的。因此，非结构化数据的处理需要更加灵活的技术和工具来进行存储、管理和分析。

非结构化数据的复杂性表现在其动态性和多样性上。与结构化数据不同，非结构化数据的生成方式并非来自预定义的数据模式，而是通过互联网、社交媒体平台、客户交互等途径动态产生。这些数据具有高度的可变性和不确定性。例如，在社交媒体上的用户评论可能涉及多个主题，情感表达不一，且数据量庞大。通过文本挖掘、情感分析等方法提取有效信息，企业常常需要面对数据噪声、语义模糊、情感倾向性等问题。这使得非结构化数据的清理、预处理和后续分析变得极具挑战性。此外，非结构化数据的数据量通常呈现指数级增长，如何有效存储和处理这些数据成为一个技术难题。传统的关系型数据库和结构化数据分析方法显然无法满足这一需求。企业需要采用分布式存储、云计算技术以及大数据处理平台（如 Hadoop、Spark）来应对数据的存储和分析压力。这些技术为企业提供了处理海量非结构化数据的能力，但同样也带来了数据处理速度、算法优化、数据安全等方面的挑战。

从财务管理的角度来看，非结构化数据的复杂性和动态性意味着它不容易被整合进传统的财务管理系统中，这使财务人员在实时决策时很难利用这些数据的潜在价值。因此，尽管非结构化数据的潜力巨大，但如何有效捕获、清洗和分析这些数据，是企业面临的一个重大挑战。

2. 非结构化数据的财务管理价值

尽管非结构化数据在处理上存在诸多挑战，但其所蕴含的价值对企业的财务管理至关重要。非结构化数据为企业提供了关于市场趋势、客户行为和消费者情感的独特视角。这类数据通过捕捉消费者的即时反馈、市场上对产品的评价以及社交媒体上的互动，为财务管理提供了实时的、与情境相关的信息。传统的结构化数据往往只能反映过去的财务状况，而非结构化数据则能为企业提供对未来的洞察，帮助企业进行前瞻性的财务规划和风险预测。例如，社交媒体上用户对产品的讨论或评论可以帮助企业识别消费者的需求变化，并及时调整产品生产或营销策略。通过实时分析这些评论，企业能够发现产品的优缺点，评估市场的反应，甚至预测某一产品在市场中的销售潜力。这对于财务部门而言，能够提前识别出潜在的销售增长点，从而调整财务预算、优化资源配置，确保企业资金的高效使用。

非结构化数据在帮助企业识别潜在财务风险方面也具有重要价值。通过对客户投诉、负面反馈或延迟支付的记录进行分析，企业能够及时发现可能导致坏账风险的迹象。例如，如果大量客户在社交媒体上对某一产品或服务表示不满，企业可以通过情感分析技术快速识别这种情绪并采取措施，避免事态的进一步恶化。通过对客户的支付行为进行实时跟踪和分析，企业还能够及时发现信贷风险，制定相应的资金管理策略，有效减轻财务压力。

非结构化数据对于财务决策的价值不仅体现在对外部市场变化的捕捉上，还体现在对内部运营的优化上。例如，企业通过分析客户的反馈和市场趋势，能够更加精准地预测未来的现金流和收入来源，从而为资本投入、资金调度和税务规划提供有力支持。这种以数据为驱动的财务管理方式，不仅可以提高决策的灵活性和响应速度，还能帮助企业在市场竞争中保持持续的优势。

3. 非结构化数据的分析方法与技术

要实现非结构化数据的潜力，企业需要采用先进的数据分析方法和技术，如自然语言处理、文本挖掘、情感分析等。这些技术能够帮助企业从海量的非结构化数据中提取有价值的信息，并将其转化为可操作的数据，使财务决策更加科学和精准。

自然语言处理是处理非结构化文本数据的关键技术。自然语言处理能够帮助计算机理解、解释和生成自然语言，从而实现对大量文本数据的自动分析。通过自然语言处理技术，企业可以从客户评论、社交媒体帖子、论坛讨论等文本数据中提取出情感倾向、关键词、主题和事件等信息。例如，通过情感分析，企业可以了解消费者对某一产品或服务的满意度，预测产品的市场反响，并为未来的生产和销售策略提供数据支持。

文本挖掘是一种强大的数据分析方法，它能够从大量的非结构化文本中提取出结构化的数据信息。企业可以使用文本挖掘技术分析客户的购买偏好、产品需求、反馈意见等内容，从中提炼出潜在的商业机会。通过对客户和市场的文本数据进行聚类分析和主题模型构建，企业不仅可以获得对当前市场情况的了解，还可以预测未来的市场需求和趋势。

情感分析常用于分析非结构化数据，它能够帮助企业评估社交媒体、产品评论等数据中的情感倾向，识别客户的满意度、愤怒情绪、忧虑情感等。这对于财务决策非常有价值，因为它能为企业提供有关客户情绪和态度的即时反馈，帮助财务人员根据市场的情感反应及时调整财务预算和资源分配，优化资本投入。

企业可以将非结构化数据与结构化数据相结合，进行综合分析。通过将销售数据、客户行为数据和市场趋势数据结合在一起，企业可以形成更加全面的分析模型，为财务决策提供更为精准的预测。例如，结合客户的社交媒体评论和历史销售数据，企业可以分析出某个产品的未来销售潜力，并在此基础上进行库存优化和资金调配。通过这种多维度的数据分析方法，企业能够在面对动态变化的市场时，作出更加前瞻性和科学的财务决策。

（三）半结构化数据的利用

1. 半结构化数据的特点与挑战

半结构化数据的特点在于它具备某种程度的组织性，但并不具备完全的结构化形式。这类数据通常包含标签、字段、元数据等元素，使数据虽然没有像结构化数据那样遵循严格的表格化格式，但仍然具有一定的可解析性和逻辑性。

例如，常见的半结构化数据包括 XML、JSON 格式的数据，这些数据虽然不是简单的“表格”形式，但它们通过标记和标签的方式对数据进行了某种程度的组织和描述。在企业的实际应用中，许多重要的商业数据，如采购订单、销售合同、发票记录、客户信息等，通常以半结构化的形式存在。这些数据中包含了关键的信息元素，如商品名称、价格、数量、交货日期等，能够为财务管理提供有用的信息。

半结构化数据的处理相较于结构化数据更为复杂。由于数据的格式没有固定的模式，每一条记录的结构可能存在不同，甚至同一类数据在不同的记录中，其标签和字段的定义也可能不一致。这种结构的松散性使企业无法像处理结构化数据那样直接使用传统的数据库管理系统进行存储和查询。在实际应用中，企业需要通过特定的技术手段，如数据抽取、数据清洗、数据标准化等，来将这些半结构化数据转换为易于分析和决策的格式。此外，半结构化数据的动态性和变化性也是其挑战之一。随着企业业务的扩展和信息化进程的推进，企业在不同时间点产生的半结构化数据可能随着数据内容的增多而变得更加复杂，甚至可能在不同部门和系统之间使用不同的标签和字段定义，这进一步增加了数据整合和分析的难度。因此，企业必须具备强大的数据处理能力，通过利用合适的数据处理技术，才能有效应对半结构化数据带来的复杂性，并将这些数据转化为具备商业价值的分析成果。

2. 半结构化数据的应用价值

尽管半结构化数据的处理复杂度较高，但它在财务管理中的应用价值却是巨大的。半结构化数据通常包含了大量的业务信息，能够为财务管理提供精确的决策支持。例如，企业的采购订单、销售合同、发票记录等，作为半结构化数据，直接涉及企业的财务流动和资金安排。通过对这些数据的深入分析，企业能够更好地理解其现金流状况、应收账款的周期、支付条款的合规性等财务关键指标，从而为财务决策提供可靠依据。

一个典型的应用场景是现金流预测。企业可以通过分析销售合同中的付款条款，结合发票的实际付款记录，预测未来的现金流情况。许多企业面临着账期较长或违约的风险，特别是供应链中的付款条款和历史支付记录对于现金流的影响至关重要。如果企业能够实时监控并分析这些半结构化数据，及时发现潜在的财务问题，就能在账期过长或客户违约的情况下采取预防措施，降低因应收账款延迟或违约引发的财务压力。

半结构化数据的最大价值还在于它能够和结构化数据结合，形成更加全面的财务决策支持系统。通过将销售数据、采购数据、库存数据等结构化数据与合同条款、发票记录等半结构化数据结合，企业可以更好地从多个维度分析业务状况，优化资源配置，降低财务风险。例如，结合客户订单数据、发货数据和销售数据，企业可以提前预测销售趋势、调整库存量、优化现金流，从而避免资金积压和库存过剩的财务风险。通过这种跨数据源的整合，企业能够在复杂的财务管理环境中实现资源的高效配置，作出更加精准的财务决策。通过整合半结构化数据，企业不仅能在财务管理中获得更为全面的洞察，还能够有效识别和预测潜在的市场变化。例如，某一行业的供应链中断可能导致货物的滞销，通过结合合同数据和采购订单数据，企业能够及时调整采购计划和资金安排，避免可能发生的财务危机。因此，半结构化数据为企业财务管理的提升提供了强有力的支持，是现代企业优化资源配置、提高财务决策准确性的关键数据源。

3. 技术支持与实践应用

随着大数据技术的不断发展，越来越多的企业开始采用专业的数据抽取工具、数据集成平台以及自然语言处理技术来处理和分析半结构化数据。这些技术使企业能够从复杂且结构松散的数据中提取有价值的信息，并将其转化为结构化数据，以便进行进一步的分析和决策。企业需要采用先进的工具和平台来实现这些数据的自动化处理，提高处理效率，并确保数据分析的准确性。

其中，数据抽取工具和数据集成平台是企业进行半结构化数据分析的基础设施。例如，企业可以使用 Apache NiFi 等数据抽取工具，从各种不同的来源（如 CRM 系统、电子邮件、合同管理系统等）自动提取数据。数据集成平台如 Talend、Informatica 等则能够帮助企业将来自不同系统的数据进行整合，整合到一个数据湖或数据仓库中，以便于后续的分析。这些技术不仅可以提高数据处理的效率，还能确保不同来源的数据能够无缝对接和整合，减少了人工干预和数据冲突的风险。

同时，随着大数据分析平台的普及，越来越多的企业开始利用 Apache Hadoop、Spark 等开源工具进行批量处理和实时分析。这些平台不仅支持大规模数据存储，还提供了强大的分布式计算能力，使企业能够高效地处理海量的半结构化数据。例如，通过 Hadoop 分布式文件系统存储半结构化数据，企业可以利用 Spark 的内存计算技术进行高速数据处理，提取出有价值的财务信息。Spark 不仅能处理结构化数据，还能够高效处理半结构化数据，支持实时计算和深度分析，为企业提供更快的数据响应速度和分析结果。此外，随着自然语言处理技术的发展，企业也可以通过情感分析、文本挖掘等方法来深入分析来自客户的反馈、市场的评论以及产品的使用报告等半结构化文本数据。自然语言处理技术能够帮助企业从这些文本中提取出情感倾向、关键字、主题等信息，为企业提供市场的即时反馈。例如，企业可以通过分析客户对产品的评论来评估产品的市场接受度，及时调整营销策略或财务预算。这种基于文本分析的决策支持，能够帮助企业实时掌握市场动向，从而作出迅速的财务调整。

三、数据处理速度的加快

（一）云计算与数据处理速度的提升

1. 云计算的弹性与可扩展性

云计算的一大特点是其高度的弹性和可扩展性。传统的企业数据处理架构往往需要企业根据需求购买大量的硬件设备，并且硬件的性能和存储容量有限，容易造成资源的浪费。相比之下，云计算平台提供了动态扩展的功能，企业可以根据实际需求灵活调整计算和存储资源的使用。例如，在数据量急剧增加的情况下，云计算平台可以快速增加计算能力，从而确保财务数据处理的效率和速度；在数据量减少时，平台可以自动回收资源，避免不必要的浪费。这种弹性使企业能够应对快速变化的数据环境，避免因计算资源短缺而影响数据处理速度。

2. 减少硬件投入与运维成本

传统的财务管理系统通常需要大量的本地硬件设备和复杂的维护操作，企业不仅要承担高昂的硬件采购成本，还需要支付持续的运维费用。云计算平台通过集中管理计算资源和存储空间，降低了企业在硬件设施上的投资，并减少了信息技术基础设施的维护成本。企业不再需要专门的技术团队来维护硬件设备，云服务提供商会负责系统的更新、备份、安全等操作，从而有效减少企业的运维压力。这种成本的节省为企业腾出了更多的资源去关注财务管理本身，提升了资金的使用效率。

3. 云计算支持的实时数据分析能力

云计算平台不仅提供强大的存储和计算资源，还能集成大数据分析工具，使企业能够在云平台上实时分析财务数据。通过云平台，企业能够迅速获取来自多个数据源的数据，并进行集成和分析。例如，企业的财务数据可以与市场趋势、客户行为、供应链数据等信息结合，通过云计算平台实现快速的数据分析和挖掘。云平台的实时数据处理能力使企业可以在较短时间内作出反应，及时调整财务计划和资源配置，提高财务管理的精准度和响应速度。

（二）大数据分析技术的加速

1. 并行计算与分布式存储技术的应用

大数据分析的核心技术之一是并行计算和分布式存储。传统的财务分析通常依赖单台计算机进行数据处理，这种方式无法处理大规模、高维度的数据集。而大数据技术通过将数据切分并分配到多个计算节点上，并行处理各个数据块，从而大大提高了处理速度。企业使用的大数据平台如 Hadoop 和 Spark，能够在数百、数千甚至更多的计算节点上同时处理数据，实现快速的数据计算和分析。分布式存储技术允许企业将大规模数据分散存储在多个硬盘或服务器中，不仅提高了存储容量，还增强了数据的可访问性。每个存储节点可以独立进行数据查询和处理，从而减少了数据存取的延迟。通过并行计算和分布式存储技术，企业能够快速分析海量财务数据，从而快速发现潜在的财务问题、市场机会或风险，提升财务决策的实时性和精准度。

2. 实时数据流分析

与传统的财务分析方法相比，大数据技术使企业可以对实时数据进行快速流分析。例如，企业可以实时监控市场数据、销售数据、客户反馈等，及时调整财务计划。通过结合流式计算技术，企业能够在数据生成的同时进行实时分析和处理，帮助财务团队在几秒钟内获得所需的分析结果。这使财务决策不仅更加及时，而且能应对市场的快速变化，增强了财务管理的灵活性和前瞻性。

3. 预测分析与洞察能力

大数据分析技术的加速使企业能够利用历史数据和实时数据进行预测分析。这种技术不仅帮助企业预测市场和客户需求，还能提前识别潜在的财务风险。例如，企业可以通过分析历史销售数据和市场趋势，预测未来某一产品的销量和需求变化，进而调整生产计划和资金分配。通过大数据分析，企业不仅能识别出现有问题，还能洞察到未来的潜在风险和机会，从而作出更加科学、合理的财务决策。

（三）人工智能与自动化的应用

1. 自动化数据预处理与清洗

在传统的财务数据处理过程中，数据预处理与清洗通常是由人工完成的，这不仅耗时长，而且容易受到人为因素的影响，进而导致错误或数据不一致性的问题。随着人工智能技术的应用，数据预处理与清洗过程得到了极大的改善。人工智能通过自动化算法对财务数据进行高效处理，从而解决了传统方法中存在的低效性和错误率高的问题。自动化数据预处理技术能够在极短的时间内完成大量数据的清洗、去重和格式化工作，提高了数据的准确性与一致性。

人工智能在数据预处理中的应用体现在以下几个方面。首先，人工智能能够自动识别数据中的异常值或缺失值，并根据预设的规则或算法进行自动修正。这一过程能够高效排除数据中的噪声，确保数据的质量符合分析需求。其次，人工智能能够处理重复数据，自动识别并删除重复条目，防止因重复数据而导致的财务分析错误。最后，人工智能还能够根据数据的结构与内容，自动识别数据格式不一致的情况，并进行格式统一处理。这种自动化的处理方式大大节省了财务人员的时间，使他们能够专注于数据分析和决策。例如，在处理销售数据时，人工智能可以自动识别出销售记录中可能的错误，如日期不一致、金额的异常波动或重复记录等，并迅速纠正这些问题。通过这种方式，企业能够确保财务数据的可靠性和一致性，减少了人为干预的需要，提高了数据处理的效率和质量。

自动化的数据清洗不仅减轻了财务人员的工作负担，还使企业能够处理更多种类、更大规模的数据，从而为深入分析和决策提供了更加坚实的基础。财务人员可以将更多的时间和精力集中在数据分析和财务规划上，而不是被烦琐的数据整理过程困扰。最终，这种高效的数据处理方式提高了整个财务部门的工作效率，使企业能够更快地响应市场变化并作出决策。

2. 机器学习与预测分析

机器学习技术的引入，特别是在财务数据分析中，为企业提供了强大的预测能力。通过分析历史财务数据，机器学习能够识别数据之间的复杂关联性和内在规律，并基于此预测未来的趋势和财务表现。机器学习算法不仅可以帮助企业精准预测现金流、资金需求、市场波动等关键财务指标，还能够通过不断学习和优化，提高预测的精确度和实时性，从而为财务规划提供科学支持。

在传统的财务管理中，预测往往依赖静态的历史数据和人工判断，这种方式容易受到人为经验和市场不确定性的影响。然而，机器学习算法通过对大量历史数据的学习，能够从中提取出隐藏的模式，并根据这些模式作出更为精准的预测。例如，企业可以使用机器学习算法分析过去几年的销售数据、支出记录以及市场变化，预测未来几个季度的现金流、运营成本和利润等财务数据。这种基于数据驱动的预测方法，比传统的基于直觉的预测更加客观和准确。

机器学习算法的实时更新能力是其一个显著优势。随着新的财务数据和市场信息的不断产生，机器学习算法能够实时调整预测模型，使预测结果更加精确和实时。例如，在销售数据波动较大的情况下，机器学习能够通过自动调整模型参数，动态优化预测结果，从而帮助企业应对突发的市场变化，及时调整财务策略和资金调配。这种动态预测能力使企业能够提前发现潜在的财务风险，如现金流短缺或资金压力，进而制定应急预案和调整财务计划。

此外，机器学习还能够帮助企业识别潜在的财务机会。例如，通过对历史投资回报率、市场趋势和消费者行为数据的分析，机器学习可以发现潜在的投资机会，预测哪些领域或市场可能带来更高的回报。通过对这些机会的深入分析，企业可以在财务决策中作出更加精准的资源配置和投资决策，从而优化企业的资金使用和整体财务状况。

3. 智能报告生成与决策支持

人工智能技术不仅应用于数据清洗和分析，还可以大大提高财务报告的生成效率和决策支持的精准度。智能报告生成系统通过自动化的方式，根据实时和历史财务数据，生成定期或临时的财务报表，为财务团队和决策者提供快速、精确的财务信息。这一过程减少了人工操作和干预，极大提高了报告的及时性和准确性，同时也节省了大量的时间和人力资源，使财务团队能够更加专注于分析结果和决策支持。

智能报告生成系统通过与数据分析平台的无缝对接，能够实时更新企业的财务状况。例如，在企业的季度财务报表生成过程中，人工智能系统能够自动汇总各个财务指标（如资产、负债、收入、支出等），并根据最新的业务数据生成图表、摘要和详细的财务分析报告。与传统的财务报告生成方式不同，智能报告系统能够快速反映市场变化、财务波动以及运营状况，帮助企业高层实时了解财务状况，及时作出决策。智能报告生成系统还能与决策支持系统（DSS）相结合，进一步提升决策的精准度和科学性。决策支持系统基于财务报表和实时数据，结合人工智能算法的预测功能，能够为决策者提供具体的决策建议。例如，人工智能可以根据当前的财务状况、市场变化和业务需求，为管理层提供关于资金配置、成本控制、投资决策等方面的建议。通过与智能报告生成系统的结合，人工智能系统能够提供更加个性化和灵活的决策支持，帮助决策者在复杂的市场环境中作出更加科学、准确的决策。

智能报告不是对财务数据的简单呈现，而是基于深入数据分析的结果生成的，能够帮助企业识别潜在的财务问题、业务机会和优化空间。通过实时监控财务数据并快速生成报告，人工智能使财务决策更加高效和智能。决策者可以更早地识别出企业运营中的薄弱环节，并在战略决策中作出相应的调整，从而提高企业的整体财务健康水平。

第三章　传统财务管理模式与挑战

第一节　传统财务管理体系概述

一、会计核算基础

（一）会计核算的核心任务与流程

会计核算的核心任务是对企业所有经济活动进行记录和分类，确保财务数据的透明、准确和及时。传统财务管理体系中的会计核算流程通常包括以下几个重要环节：确认、计量、记录、报告与披露。通过这些环节，企业能够全面反映其经济活动，并为后续的财务分析和决策提供准确的数据基础。

1. 确认经济活动的发生

会计核算的第一步是确认经济活动的发生。企业的每一项交易和活动，如购买商品、支付费用、收入确认、投资支出等，都是会计核算的基础。只有确认了经济活动的发生，才能对其进行计量和记录。因此，确认阶段对于财务数据的准确性至关重要。企业必须遵循明确的标准，确定哪些经济事项需要记入账簿，并确保不会遗漏任何交易或事件。

2. 计量经济活动

在确认经济活动发生后，下一步是对其进行计量。计量是指将企业的经济活动转化为货币单位，以便进行记录和分析。会计准则中规定了不同交易的计量方法。例如，对于固定资产的采购，企业需要根据购买的实际金额计量；对于存货，则需要按照成本或市价两者中较低者进行计量。计量是确保财务报表准确反映企业财务状况的关键步骤。如果企业在这一阶段的计量不准确，将直接影响到其财务报表的可信度和透明度。

3. 记录经济活动

会计核算的计量环节之后是记录。会计人员通过使用标准化的账簿和会计科目，详细记录每一笔经济活动。会计账簿是企业财务活动的历史记录，它为后续的财务分析、审计和决策提供基础数据。通过分类账、日记账、明细账等多种账簿，财务人员能够将各项经济活动记录在案，并按照会计科目进行整理。每一笔交易或事件都会在账簿中反映企业的资产、负债、收入和支出的变化，这些记录为企业管理层和外部利益相关者提供了重要的财务信息。

4. 报告与披露

会计核算的最后一个环节是报告与披露。在传统财务管理中，财务报表是最终的输出形式，是企业通过会计核算反映其经营状况的主要工具。财务报表不仅供内部管理层分析使用，也是向外部利益相关者（如股东、债权人、税务机关等）展示企业财务状况的重要渠道。财务报表通常包括资产负债表、利润表和现金流量表等，通过这些报表，企业能够展示其经营成果、财务健康状况和现金流动情况。

（二）会计准则的作用与遵循

会计准则是确保会计核算公正、透明和规范的重要标准，它为企业的财务报告提供了统一的规范和规则。会计准则不仅涉及财务报表的编制方法，还规定了如何处理各种复杂经济活动的具体操作方法。会计准则的核心目的是确保财务报告的质量，使其能够真实、公正地反映企业的财务状况。遵循会计准则，企业能够保证其财务数据的可靠性和可比性，进而增强外部利益相关者的信任。

1. 会计准则的标准化作用

会计准则通过设立统一的标准，使企业在进行财务核算和报表编制时有章可循，避免了由于标准不统一而引起的财务信息失真。国际上主要的会计准则包括国际财务报告准则（IFRS）和美国通用会计准则（GAAP），这些准则为企业提供了详细的会计处理方法和规范，确保不同地区、行业的企业能够按照相同的规则进行财务报告和核算。遵循统一的会计准则，不仅有助于提高财务报表的透明度，还使不同企业之间的财务数据具有可比性，便于投资者、分析师等外部利益相关者进行跨企业、跨行业的比较。

2. 会计准则对企业财务核算的影响

会计准则为企业的财务核算提供了明确的操作指导。通过规范收入确认、资产计价、负债认定、费用分配等财务事项，会计准则确保了财务数据的准确性。例如，会计准则规定了收入应在企业履行合同义务时确认，资产应按照历史成本或公允价值计量，负债则根据合同义务进行确认。通过严格遵循会计准则，企业能够避免因数据处理不当而导致的财务报表失真和误导，从而提高财务报告的公信力。

3. 国际化和全球化背景下会计准则的统一性

随着全球经济的日益一体化，跨国公司和外资企业在各个国家和地区的经营活动愈加频繁。为了适应全球化的发展需求，国际财务报告准则逐渐被许多国家采纳，并在全球范围内形成了统一的会计标准。通过采用国际会计准则，企业能够确保其财务报告在不同国家和地区的合法性和合规性，并提高企业在国际资本市场的融资能力。

4. 会计准则的变革与发展

随着经济活动的复杂化和新兴业务模式的出现，传统的会计准则也面临着不断变革和更新的需求。尤其是随着大数据、人工智能、区块链等新技术的应用，许多传统的会计处理方法和标准已经不再适应现代经济环境的要求。例如，企业在云计算和数字货币领域的投资和交易活动，传统会计准则的处理方式就显得有些过时。因此，国际会计准则组织和各国财务监管机构正在积极推动会计准则的更新和完善，以应对新经济环境下的复杂问题。

（三）会计核算在财务报告中的作用

会计核算的最终目的是为财务报表的生成提供基础数据，从而帮助管理层作出决策，向外部利益相关者披露企业的财务状况。财务报表是企业向外部利益相关者（如投资者、债权人、税务机构等）披露经营成果、资产负债状况和现金流量的重要工具。通过会计核算，企业能够确保财务报表的真实可靠，并为管理层和投资者提供准确的财务信息。

1. 财务报表的生成与内容

财务报表主要包括资产负债表、利润表和现金流量表。这些报表反映了企业在某一时点（资产负债表）或某一会计期间（利润表和现金流量表）的财务状况和经营成果。资产负债表主要展示了企业的资产、负债和所有者权益的构成情况，帮助管理层了解公司的财务稳定性；利润表展示了企业在特定时期的收入、成本和利润，提供了经营成果的清晰视图；现金流量表反映了企业现金的流入与流出，帮助分析其流动性和偿债能力。

2. 会计核算对财务决策的支持

通过会计核算，企业能够准确地获取财务数据，从而为管理层提供决策支持。在传统财务管理中，管理层通常依据财务报表进行预算控制、财务分析、风险管理等决策。财务数据是否具有准确性、及时性和可靠性，直接影响管理层决策的质量。例如，当资产负债表反映出企业负债比率过高时，管理层可能会采取相应措施，如债务重组或融资，避免财务危机的发生。通过对利润表和现金流量表的分析，企业还可以调整经营策略，优化资源配置。

3. 财务报告在外部披露中的作用

财务报告是企业向外部利益相关者披露经营状况的重要手段。通过会计核算生成的财务报告，企业能够向股东、债权人、政府机构等提供透明、可靠的财务信息。企业的财务报告是否合规、准确直接影响着外部投资者对企业的信任度和市场评价。因此，企业需要严格遵循会计准则，确保财务报告能够真实、公正地反映其财务状况。

二、财务报表生成与分析

（一）资产负债表

资产负债表，又被称为财务状况表，是最基本且最重要的财务报表之一。它反映了企业在特定时点的财务状况，列出了企业的资产、负债和所有者权益。通过资产负债表，企业可以了解其资金的来源及使用情况，评估偿债能力、资本结构及财务稳健性。资产负债表不仅为企业的管理层提供了关于资源和义务的全面视角，还为外部投资者、债权人、股东等提供了决策依据。

1. 资产负债表的结构

资产负债表分为三个主要部分：资产、负债和所有者权益。资产通常按照流动性排序，分为流动资产和非流动资产；负债按照到期时间划分为流动负债和非流动负债；所有者权益包括股东投入的资金、留存收益和资本公积等。

（1）资产。资产负债表中的资产项分为流动资产和非流动资产。流动资产包括现金、应收账款、存货等，通常是可以在一年内转换为现金或消耗的资源；非流动资产包括长期投资、固定资产、无形资产等，通常具有较长的使用期限，并且在一定周期内不能迅速变现。

（2）负债。负债项分为流动负债和非流动负债。流动负债包括短期借款、应付账款等，通常需要在一年内偿还；非流动负债包括长期借款、债券等，偿还期限较长，通常超过一年。

（3）所有者权益。所有者权益代表股东在企业中的剩余利益，包括股本、留存收益、资本公积等。它是企业资产扣除负债后，剩余部分的价值。

2. 资产负债表的作用

资产负债表的作用可以归结为以下几点。

（1）评估偿债能力。通过对资产负债表的分析，管理层和投资者可以评估企业的偿债能力。流动比率和速动比率等财务指标可以帮助判断企业的短期偿债能力，而长期负债比率和资产负债率等则能够反映企业的长期偿债能力。

（2）评估资本结构。资产负债表能够帮助企业管理层分析其资本结构，了解自有资金和外部负债的比例，判断企业的财务杠杆水平。合理的资本结构有助于降低财务风险，提高企业的融资能力。

（3）了解资源配置。资产负债表可以帮助管理层了解公司资金的配置情况，评估企业资产的使用效率。例如，固定资产占比过高可能意味着企业的资产结构不合理，流动性不足；而过多的短期负债可能会增加偿债压力，影响企业的财务稳定性。

（二）利润表

利润表，也称为损益表，是反映企业在一定会计周期内经营成果的财务报表。它主要列出收入、费用、利润等项目，帮助企业和外部投资者了解企业的盈利能力、成本控制情况以及业务的盈利贡献。利润表通过收入和支出之间的对比，揭示了企业在特定期间的经营成果。

1. 利润表的结构

利润表通常包括收入、成本与费用、毛利、营业利润、税前利润和净利润等关键数据。它按照一定的顺序列出企业的各项收入和支出，并最终得出净利润，作为衡量企业盈利能力的核心指标。

（1）收入。收入是利润表的起始部分，主要包括销售收入、服务收入等。收入是企业经营活动的最初反映，也是利润表的基础。

（2）成本与费用。成本与费用是利润表的关键组成部分。成本主要指企业在生产商品或提供服务过程中所发生的直接费用，如原材料费、生产工人工资等；费用是企业为实现收入而付出的其他支出，包括销售费用、管理费用、财务费用等。

（3）利润。将收入减去各项成本和费用，企业能够得出毛利、营业利润、税前利润和净利润等重要财务数据。毛利反映了企业的基本盈利能力，营业利润和税前利润考虑了非经营性活动的影响，净利润则是最终的盈利指标，通常被用于评估企业的整体经营成果。

2. 利润表的作用

利润表的主要作用是为管理层、股东、投资者等利益相关者提供关于企业盈利能力和经营效率的重要信息。

（1）评估盈利能力。利润表通过分析收入和成本之间的关系，帮助管理层了解企业的盈利能力。毛利率、营业利润率、净利率等财务比率可以衡量企业的经营效率和成本控制水平。

（2）支持决策。利润表不仅有助于管理层评估企业的当前盈利状况，还能为未来的决策提供数据支持。通过对利润表的分析，管理层可以识别经营中存在的问题，如成本过高、毛利率下降等，从而采取相应的调整措施。

（3）为投资者提供分析依据。对于外部投资者来说，利润表是判断企业盈利潜力和投资价值的重要依据。净利润增长、盈利稳定性和成本控制能力等因素是投资者决定是否投资的关键指标。

（三）现金流量表

现金流量表是企业财务管理的重要组成部分，它通过记录企业在一定会计期间内的现金流入和流出情况，帮助企业评估其现金流的健康状况。现金流量表不仅揭示了企业的盈利状况，还能说明企业的现金来源与使用情况，尤其对于流动性管理至关重要。与利润表不同，现金流量表不受会计准则的影响，它专注于现金流的实际情况，而非会计上的收入和支出。

1. 现金流量表的结构

现金流量表通常分为三个部分：经营活动现金流量、投资活动现金流量和融资活动现金流量。

（1）经营活动现金流量。经营活动现金流量是企业从日常经营中产生的现金流入和流出。它包括来自销售商品或提供服务的现金收入以及支付生产成本、员工工资、税费等的现金支出。经营活动现金流量反映了企业的核心业务运营能力。

（2）投资活动现金流量。投资活动现金流量是企业进行投资和资产购买过程中产生的现金流出与流入。它包括购买或出售固定资产、无形资产、股权等的现金流量。投资活动现金流量反映了企业的资本支出和投资回报情况。

（3）融资活动现金流量。融资活动现金流量涉及企业融资过程中的现金流入与流出，包括通过发行股票、债券或借款等方式获得的资金以及偿还贷款和支付股息等的资金流出。融资活动现金流量反映了企业的资金筹集和偿债能力。

2. 现金流量表的作用

现金流量表的作用不仅是展示企业的现金状况，还为企业的管理层、投资者、债权人等提供了关于流动性、偿债能力和融资结构的重要信息。

（1）评估流动性。现金流量表通过展示企业的经营现金流，帮助管理层评估企业的流动性和短期偿债能力。即使企业在利润表上表现出良好的盈利能力，现金流量表也能揭示其是否存在流动性危机或资金短缺的风险。

（2）判断融资与投资策略。现金流量表为管理层提供了关于企业融资和投资活动的清晰视角。通过分析融资活动现金流，管理层可以了解企业的资本结构；通过分析投资活动现金流，管理层能够评估企业在资产扩张和资源配置方面的决策。

（3）为债权人和投资者提供评估工具。对于债权人和投资者来说，现金流量表是判断企业偿债能力和投资安全性的核心工具。稳定的经营现金流表明企业具备良好的偿债能力，而强劲的融资和投资现金流可能表明企业具有良好的成长潜力。

三、预算与成本控制

（一）预算制定的过程

传统的预算制定通常由财务部门主导，在企业高层战略目标的指导下进行。企业需要通过对历史数据的分析，了解过去的财务状况和运营情况。这些历史数据包括企业收入、成本、利润等各个财务科目，同时也需要结合行业趋势、市场需求、经济环境等外部因素，进行未来财务状况的预测。基于这些信息，企业制订出符合未来发展目标的预算计划，包括销售收入、各项支出、资本支出、投资项目预算等。

预算制定的核心任务是确保企业各项资源能够得到有效分配，以支持企业战略目标的实现。例如，在市场需求预测的基础上，销售部门需要设定收入目标，而财务部门则需要通过预算安排足够的资金来支持生产和销售活动。这一过程通常需要多个部门的协作，财务部门与各业务部门密切沟通，确保各方对预算内容和方向有清晰的理解。

（二）预算执行的过程

预算执行是预算管理中的关键环节，其目标是确保实际支出和收入不超过预算的范围。在传统财务管理体系中，预算执行的过程主要通过各部门的配合和监管来完成。财务部门在预算执行过程中起到监控作用，通过定期对比预算和实际支出之间的差异，及时发现预算执行中的问题，并通过调整措施进行修正。例如，若某个部门的支出超出了预算，财务部门需要调查其原因，并根据需要采取控制措施，确保企业财务目标的实现。预算执行的监控不仅依赖数据对比，还包括对市场变化的敏感反应。企业在执行预算时，必须考虑外部经济环境、市场波动以及公司战略调整等因素的影响。例如，当市场需求发生变化时，销售部门可能会发现实际收入与预算收入之间存在较大差距，财务部门需及时调整预算，并采取相应措施确保资金的使用效率。

（三）预算控制的核心

预算控制的核心在于对实际支出与预算之间差异的监控与调整。通过定期的预算对比分析，财务部门能够识别出预算执行中存在的问题，及时作出相应调整。例如，若某项预算支出过高，财务部门应与相关部门沟通，找出支出增加的原因，并采取削减或优化措施，以确保整体预算平衡。预算控制不仅是对资金的监督，还反映了企业整体管理的有效性。有效的预算控制能够促进企业的资源合理配置，提高资金使用的效率。

四、财务审计与合规性保障

财务审计是传统财务管理体系中的一项关键任务，旨在确保财务报表的准确性和合规性。审计通过内外部审计过程，确认企业的财务活动符合相关会计准则和法律法规，为企业的经营活动提供合法性和透明性保障。

（一）内部审计

内部审计是企业为了确保财务报告的准确性和内部控制系统的有效性而进行的一项自我检查活动。它通过对企业运营中各项流程、控制措施和财务数据的评估，及时发现潜在的财务风险，帮助企业优化管理流程，增强内部控制的效果。在传统财务管理体系中，内部审计不仅是对财务数据的检查，还涉及对整个企业的控制环境、风险管理、合规性以及操作流程的全面评估。

1. 内部审计的目标与任务

内部审计的核心目标是确保企业的财务报告真实、准确，企业的财务活动符合法规要求，并且企业的管理系统、运营流程和控制机制能够有效地防范风险和提高运营效率。内部审计的任务不仅是“查错”，也注重“防错”和“改错”，它通过持续的监控和评估，帮助企业发现管理层和操作人员在执行政策、流程和操作时的偏差，提出改进建议和防范措施。

2. 内部审计的主要功能

在传统财务管理中，内部审计通常涵盖以下几个主要功能。

（1）财务审查。通过对财务数据的审查，确保企业的收入、支出、成本、利润等数据的准确性。审计人员需要对账簿记录、财务报表进行核对，检查是否存在错账、漏账或其他违规行为。

（2）内部控制评估。内部审计通过评估企业内部控制制度的完善性，确保企业的财务和运营活动不会因控制失效而受到损失。这通常包括对资金管理、采购、销售、库存管理等环节的评估，确保流程规范、操作合规。

（3）风险评估与管理。企业面临的风险不仅包括财务风险，还有运营风险、合规风险、市场风险等。内部审计部门通过对各类潜在风险的评估，提出预防措施和改进建议，确保企业能够提前识别并控制风险。

（4）遵循政策与程序。内部审计还要确保企业的各项操作遵循公司内部的政策、流程和标准。这一职能有助于防止操作上的失误或违规行为，确保企业的各项活动都在合规框架内进行。

3. 内部审计的独立性与报告机制

为了确保审计的客观性与有效性，内部审计必须具备一定的独立性。虽然内部审计由企业本身负责，但审计部门应当与管理层保持适当的距离，避免因利益冲突而影响审计结果。为了进一步保障独立性，许多企业会设立审计委员会，定期对内部审计工作进行评估和监督。

内部审计的报告机制通常是将审计结果向管理层、董事会或审计委员会进行汇报。这些报告不仅包括审计发现的问题，还包括改进建议和风险控制措施。管理层依据审计报告及时作出决策，调整战略或管理措施。

（二）外部审计

外部审计是由独立第三方审计机构对企业财务报表进行审查的过程。外部审计的主要目的是确保企业的财务报告符合相关会计准则和法律法规，为外部利益相关者（如股东、投资者、债权人等）提供真实、可靠的财务信息。与内部审计不同，外部审计是独立于企业内部的，其核心职能是对企业的财务报表进行验证，确保其公正性与透明度。

1. 外部审计的目的与重要性

外部审计的首要目的是确保企业的财务报表反映企业的真实财务状况。这对于企业的外部利益相关者尤为重要。投资者、债权人、供应商等依赖企业发布的财务报表作出决策，错误或虚假的财务报告可能导致严重的财务损失甚至法律纠纷。因此，外部审计能够为这些利益相关者提供信心，确保其决策的正确性。

2. 外部审计的独立性与标准

外部审计机构必须具备独立性，不能与企业有任何直接的利益关系。审计师的独立性是确保审计公正性的关键。因此，外部审计机构和审计师必须遵循严格的行业规范和道德准则（如国际审计准则和相关地区的会计准则），以确保审计工作的独立性、客观性和透明性。外部审计通常根据国际财务报告准则或美国通用会计准则进行操作，这些会计准则为财务报表的编制提供了明确的规范，使外部审计工作可以按照统一的标准进行。

3. 外部审计的审计报告与公众信任

外部审计的结果通过审计报告的形式发布，审计报告是审计工作的核心输出。审计报告的内容通常包括审计发现、审计意见及对财务报表的审计结论。审计意见包括无保留意见、保留意见、否定意见和无法表示意见等，不同的审计意见会影响外部投资者、债权人及其他利益相关者对企业的信任程度。

外部审计报告是企业融资、上市、合并等重大决策的重要依据。良好的审计意见能够提升企业的信誉，帮助企业吸引投资，降低融资成本。相反，负面的审计意见则可能导致企业融资困难，甚至影响股价和市场地位。

（三）合规性保障

合规性保障是传统财务管理体系中确保企业在各项财务活动中遵循法律法规的重要手段。财务合规不仅是为了避免法律风险，也是保障企业长期稳定发展的基石。合规性保障的内容涵盖了税务、劳动法、公司法、证券法等多个领域，它确保企业的财务报表和经营活动符合国家及地区的法规要求，同时也确保企业的商业行为不违反公共政策。

1. 财务合规的核心领域

财务合规主要涵盖以下几个领域。

（1）税务合规。企业必须按照国家的税法规定及时申报和缴纳税款。财务部门需要确保企业的收入、支出、利润等在税务申报中的准确性，避免因税务问题而引发法律诉讼和罚款。

（2）劳动法合规。企业需要确保其财务活动不违反劳动法要求，包括工资支付、社保缴纳、劳动合同等相关事项的合规性。财务管理人员必须确保员工的薪酬、福利等费用在财务报表中得以准确反映。

（3）公司法合规。公司法涉及企业组织结构、股东权益、公司治理等多个方面，财务部门需要确保公司运营中的财务活动符合法律规定，避免损害股东权益或违反公司治理要求。

（4）证券法与资本市场合规。对于上市公司，证券法的遵守尤为重要。企业必须按照证券法规定的信息披露要求，准确及时地披露财务报告和其他重要信息，以保护投资者权益。

2. 合规性保障的实施机制

实现财务合规的关键在于建立和维护一套完备的合规管理体系。财务部门需要定期对企业的财务活动进行审查，确保所有财务数据和报表符合国家和地区的法律法规。同时，合规性保障还需要依赖企业的内部控制体系，包括对审批流程、资金管理、信息披露等方面的严格管理。合规性保障的有效实施能够帮助企业规避税务风险、法律诉讼以及监管处罚等不利后果。企业可以通过定期培训、外部审计和内外部合规检查等方式，确保所有管理层和员工了解并遵守相关的法律法规。此外，企业还可以利用信息技术手段，如合规管理软件和系统，来提高合规管理的效率和准确性。

第二节　传统财务管理的局限性

一、传统财务管理不能完全适应新型管理模式和工作方式

（一）网络化办公的挑战

1. 信息流通的滞后性与沟通障碍

在传统财务管理体系下，信息的传递往往依赖纸质文档和手工输入，且通

常需要通过多级审批流程。虽然这些程序在保证财务数据准确性和合规性方面发挥了重要作用，但它们的缺点也显而易见，尤其是在快速变化的市场环境下。这种信息传递的方式不仅增加了处理的时间成本，还增加了信息流通的滞后性。当企业面临突发的市场变化或内部决策时，依赖传统的财务流程就显得尤为低效。具体表现在以下几个方面。

（1）传统的财务管理流程通常经过多个层级的审批，特别是在大型企业或跨国公司中审批流程往往更为复杂，每一份财务报表或预算调整都需要通过多个部门或管理层的审核和批准。这种层级式的审批体系虽然有助于确保信息的准确性和合规性，但它导致了信息的传递时间过长。在快节奏的商业环境中，企业往往难以及时得到所需的财务数据，影响了快速决策的效率。

（2）传统财务管理体系高度依赖手工输入数据和手动文档交换，这不仅增加了工作量，还容易出现人为错误。财务数据的传递过程高度依赖纸质文件或电子邮件，使信息传递的速度变得缓慢，且无法及时更新。企业需要实时了解现金流、库存水平、生产进度等财务状况，而传统财务管理模式的滞后反馈机制往往使企业不能迅速反应和调整。

（3）在传统财务管理模式中，财务信息的传递依赖手工操作，往往会面临沟通障碍。尤其是在跨部门和跨地域的公司之间，不同部门、地区之间的信息孤岛往往使信息交流不畅，无法及时共享和整合。即使是在财务部门内部，信息共享和实时传递的困难，也会导致企业在面对突发市场变化时，无法及时获取关键财务数据，进而影响决策的准确性和时效性。

2. 资源配置与实时响应的难题

网络化办公的最大优势之一是能够实现跨部门、跨地区的实时协作，确保企业资源能够快速而高效地调动和配置。在这样的工作模式下，企业需要能够实时掌握各部门的财务状况、生产进度以及市场变化，以便迅速作出反应和调整。然而，传统的财务管理模式依赖周期性的数据汇总和审批流程，这使企业无法实现实时的资源配置与响应，尤其在面对快速变化的市场需求时，传统模式的局限性尤为突出。

（1）传统财务管理往往依赖各部门独立运作，预算、报表和数据处理通常是单独进行的，并没有实现信息的集中和共享。财务数据的传递在部门之间存在明显的滞后，导致企业无法实时了解各个部门的财务状况。以预算管理为例，在传统财务管理模式下，各部门提交的预算通常需要经过多个层级的审批和汇总，才能生成整体的财务规划。这样的流程不仅使资源配置的效率低下，还无法及时反映市场需求的变化和实际运营的调整。因此，企业在应对市场变化时，往往缺乏灵活调整资源配置的能力。

（2）现代企业需要在高度竞争的市场环境中快速响应，尤其是在资源配置上，实时了解资金的流动、库存的状况以及客户需求的变化至关重要。然而，传统的财务管理体系往往难以实现资源的动态管理和优化配置。每个部门的财务数据通常需要通过手工汇总、审核、计算等环节，才能得出最终的资源分配方案。这种低效的工作方式在企业日常运营中常常导致资源的浪费，尤其在应对紧急情况时，无法迅速调整资源配置来满足企业的实时需求。

（3）在传统的财务管理模式下，各部门之间的协作往往需要依赖人工协调，且缺乏实时信息共享和协作工具。在这种管理模式下，资源的调配和调整通常是滞后的，企业在面对快速变化的市场和客户需求时往往难以灵活应对。尤其是在项目预算、资金调度和运营效率的提高方面，传统模式的财务管理难以实现快速的动态调整，使企业在资源利用上的效率大打折扣。

3. 决策的灵活性不足

随着市场的快速变化和全球化竞争的加剧，企业的决策速度和灵活性已成为保持竞争优势的关键。在新型管理模式下，企业需要能够实时获取来自各个部门、不同地区的财务数据和运营信息，并基于这些实时数据作出快速决策。然而，传统财务管理模式依赖静态的财务报表和预算数据，缺乏对动态变化的实时响应机制，使企业的决策过程常常滞后于市场变化，导致其在面对突发事件或市场机会时无法迅速调整战略和运营方式。

（1）传统的财务管理体系通常依赖静态的财务报表和预算数据。这些数据通常来源于历史记录，反映的是过去一段时间内的经营状况。尽管这些历史数据有助于评估企业的财务健康状况，但它们无法有效反映企业的当前运营状况。随着现代企业需求的变化，尤其是在快速变化的市场环境下，企业需要能够实时掌握资金流、销售状况和客户需求等信息，以便作出快速而准确的决策。然而，传统财务管理模式往往没有整合实时数据，导致管理者在作决策时常常依赖过时的历史数据和静态的财务报告，缺乏对当前运营的即时反馈。

（2）在传统的财务管理模式中，决策过程往往依赖定期生成的财务报告和预算差异分析。由于这些报告通常是基于过去几个月或几个季度的数据，决策者只能依据这些滞后的数据作出决策。这种决策模式导致企业在面临市场竞争和快速变化时，无法及时调整战略，错失市场机会。尤其在面临突发的市场变动时，企业的决策速度往往不能跟上外部变化的步伐，影响企业在竞争中的生存能力和市场适应能力。

（3）在一个充满竞争和变化的环境中，实时反馈对于决策至关重要。企业管理层需要通过快速获取各部门和市场的实时数据，及时调整战略。而传统财务管理模式中的报告滞后和数据反馈时间长，使企业难以及时发现经营中的问题和市场机会。这种信息传递的滞后使企业的战略调整无法做到实时同步，进而影响了企业的竞争力和市场地位。

（二）协作和数据共享的难题

1.部门间的“信息孤岛”

传统财务管理模式中的“信息孤岛”现象，严重影响了数据的流动性和协作效率。在许多企业中，财务部门、销售部门、采购部门、生产部门等各自使用独立的信息管理系统，这些系统之间没有有效的集成和共享机制。每个部门根据其自身的业务需求，独立处理各自的数据，导致信息难以在部门之间快速流通，往往需要通过手工汇总和多次审批来获得跨部门的数据。这种“信息孤岛”的问题在多层级、多部门的企业尤为明显。举例来说，在传统财务管理模式下，销售部门需要向财务部门提供销售数据，而财务部门又需要依赖销售部门提供的报表来完成预算、结算和财务分析。但由于信息系统的隔阂，销售数据无法实时同步到财务系统中，导致财务部门依赖人工输入或从多个报表中提取信息。整个过程不仅费时费力，还可能造成数据的丢失或错误，影响财务分析和决策的准确性。这种低效的数据流通模式使企业难以快速响应市场变化，无法实现快速的资源调配和市场反应。

"信息孤岛"不仅影响了内部数据共享的效率，也使企业无法实现跨部门协作的流畅性，增加了运营的复杂性和成本。在一个快速变化的市场环境中，企业需要能够实时共享各类数据，从而使决策者能够随时了解公司的运营状况作作出快速反应。而在传统的财务管理体系中，部门间的信息封闭导致了协作的滞后和资源配置的低效，限制了企业在竞争中的灵活性和适应能力。

2. 协作效率低下

在传统财务管理模式下，企业往往强调层级分明、职能划分明确的管理体系。这种结构化的模式使得每个部门都严格按照既定职责执行工作，但在实际操作中，流程的烦琐、审批的层层递交以及信息传递的时滞往往导致协作效率的降低。尤其是当企业面临多项目、多任务的复杂工作时，财务部门往往需要花费大量时间整理数据、协调不同部门之间的意见和需求，从而影响了整个团队的工作效率。以预算管理为例，在传统财务管理模式下，预算编制通常由各部门分别提出，再经过财务部门汇总和审核。在这一过程中，财务人员需要收集来自各个部门的数据，进行核对和汇总，任何一个环节的延误都可能导致整体预算的延迟。又如，企业的资源调度需要财务数据的支持，在传统财务管理模式下，由于各部门的数据独立性强且无法实时共享，财务部门必须根据过去的数据手动调整预算和资源配置。这种低效的工作方式，不仅增加了手动处理和数据输入的工作量，也使财务管理的实时响应能力大打折扣。

随着市场的复杂性和竞争的激烈，企业亟须通过提高协作效率来降低运营成本、提高资源利用率。现代企业强调跨部门合作和信息透明，以促进快速决策和敏捷应对市场变化。然而，在传统财务管理模式下，部门之间的信息流通不仅依赖手动传输，而且审批流程冗长，导致企业无法及时调整资源配置，影响了企业整体协作效率和市场反应速度。财务管理模式的僵化和滞后，限制了企业创新和优化运营的能力。

3. 数据的可访问性和透明性问题

在传统财务管理模式中，财务数据通常由财务部门集中管理，其他部门或外部利益相关者仅能通过正式的报告、报表或者手动请求来获得这些数据。这种模式的最大问题在于数据的可访问性和透明性较差，导致了管理决策过程中的信息不对称，进而影响了企业整体运营的协同效率。尤其是在大型企业中，由于组织层级多、部门众多，财务数据的访问权限通常受到严格限制，只有少数高级管理人员和财务人员能够接触到完整的财务数据，其他部门则无法实时获得财务状况的反馈。例如，在传统财务管理模式下，销售部门和生产部门若想了解财务状况，需要通过财务部门请求报表或安排会议。即使这些报表最终送达，通常也是历史数据，并未能及时反映当下的财务状况。此外，由于报告的生成通常涉及多层级的审批和手工处理，财务数据在传递过程中容易出现延误或失真。这种数据的不透明性不仅影响了部门之间的协调合作，也限制了决策者对整体企业运营状况的全面了解。当信息仅由财务部门掌握且没有及时共享时，管理层就无法实时评估运营绩效，尤其在跨国企业或拥有多个分支机构的企业中，这一问题尤为突出。在这样的环境下，决策层在作出战略调整时，往往没有全面的信息支持，从而导致决策的失误或滞后。现代企业需要一种更为开放和透明的信息共享平台，以使所有相关部门都能够实时访问关键财务数据，从而为决策提供依据。

与传统财务管理模式相比，现代企业要求通过云计算、大数据分析等先进技术，实现财务数据的透明化和实时共享。这不仅有助于打破部门之间的信息壁垒，还能提高决策效率和准确性。通过集中数据存储和实时更新，企业管理层能够随时访问所需的财务信息，并基于最新的数据作出反应，从而实现更加灵活和高效的决策支持。

（三）信息化水平的滞后

1. 独立系统与数据孤岛的限制

在传统财务管理体系中，财务数据通常被企业各部门的独立系统管理，销售、采购、生产等部门的财务数据无法实时共享和集成。传统财务管理通常依赖简单的账簿和财务报表系统，这些系统处理的多是基础的财务数据，如收入、支出、资产、负债等，缺乏对复杂业务活动的支持。

由于各系统间无法有效对接和共享数据，企业的财务管理信息常常不能在全公司范围内统一管理。例如，在采购和库存管理中，传统系统只能处理单一部门的数据，导致采购与库存之间的财务信息无法互通。又如，销售和财务系统之间缺乏及时的链接，使销售数据与财务数据的对接滞后，影响了现金流管理和预算执行的准确性。随着业务的扩展和数据量的增加，传统财务管理系统的局限性愈发明显，尤其是在面对大规模、多维度数据分析需求时，这些系统难以扩展，也无法适应大数据、云计算和人工智能技术带来的挑战。

在传统财务管理模式下，企业不仅面临数据孤岛的难题，还使各部门的数据无法协同作战，导致资源的浪费和决策的延误。信息流通不畅和系统间的隔阂，使企业管理者无法全局掌握经营状况和财务状况，进而影响到战略决策和资源配置的效率。为了适应现代企业对快速反应和高效运营的需求，企业必须解决数据孤岛问题，通过数据集成和跨部门系统的有效对接，推动财务管理的数字化转型。

2. 无法实时获取动态数据

随着市场环境的不断变化，现代企业面临的挑战不仅是如何准确地反映历史数据，更重要的是如何通过实时数据分析来作出快速响应。传统财务管理模式通常依赖静态的月度或季度财务报表，这些报表虽然可以反映过去一段时间的财务状况，但无法及时反映当前业务运行状况、市场动态和经营环境的变化。传统的财务信息系统往往不能有效支持实时数据的采集和分析，这种信息的滞后性使企业在快速变化的环境中难以作出及时、准确的决策。例如，当市场需求发生突变时，企业需要快速调整生产计划和预算。如果财务数据没有实时更新，企业管理层可能无法及时了解库存、资金流和成本的最新变化，从而错失调整时机。又如，随着电商、在线支付和全球化供应链的发展，企业的财务活动越来越复杂，涉及的系统和数据量也越来越庞大。传统财务管理系统通常无法与企业资源计划、供应链管理系统等其他系统实时对接，导致财务数据的获取和处理不及时。这不仅影响了财务报表的生成，也限制了企业对业务的快速监控和优化。

现代企业对财务管理的需求已经不再局限于历史数据的报告生成，而是需要基于实时数据进行动态分析，作出精准的决策。例如，云计算和大数据技术可以实时采集和分析来自销售、市场、生产等各个环节的数据，为财务管理提供即时反馈。这种实时数据的处理能力可以帮助企业监控现金流、预算执行情况、成本控制等关键财务指标，从而及时发现潜在的财务风险，并作出应对。通过利用现代信息技术，企业能够增强财务决策的灵活性和准确性，提高资源配置的效率，提升市场适应能力。

3. 技术整合与升级的困难

随着大数据、人工智能和云计算等新兴技术的快速发展，企业对财务管理的需求愈发复杂，对技术的依赖程度也越来越高。这些新技术提供了更加精准的数据分析能力和强大的计算能力，有助于提高财务管理的智能化和自动化水平。然而，传统财务管理体系往往依赖老旧的技术平台，这些平台难以有效整合新技术，且在处理大规模数据和复杂计算时缺乏足够的计算能力。

传统财务管理系统通常是基于历史技术架构开发的，缺乏对新兴技术的兼容性。这使企业在面对新的技术应用时，往往面临技术整合的巨大挑战。例如，人工智能和机器学习能够帮助企业预测未来的财务趋势、分析潜在风险、优化资金配置等，但传统财务系统往往无法提供足够的计算能力来支持这些高级功能的实现。又如，传统财务系统往往依赖单一的数据源和静态的分析模型，缺乏灵活的算法和高效的并行计算能力，无法对海量数据进行高效处理，影响了财务管理的精准性和实时性。随着企业全球化的发展，跨国公司和大型企业面临着更复杂的财务数据分析需求，传统财务系统通常难以跨地域、跨部门、跨系统进行数据整合和分析。由于技术平台的局限，企业很难在全球范围内统一管理财务数据，导致决策信息的滞后和不一致。这不仅影响了财务管理的效率，还限制了企业全球战略的实施。

二、传统财务管理不能完全满足电子商务的发展

（一）电子商务的高实时性要求

1. 交易处理周期的滞后性

在传统财务管理体系中，企业通常依赖人工审核、纸质文档审批以及周期性的财务报表生成，这些环节往往涉及多个步骤、不同部门之间的协调和信息汇总，因此财务信息流动的速度相对缓慢，尤其是在面对大量即时交易时，这一滞后性尤为突出。在电子商务的环境下，交易的完成通常非常迅速，电子支

付、采购和其他业务活动的快速完成要求财务部门能够实时反映这些交易带来的资金流动、成本变动及现金流情况。然而，在传统财务管理体系下，所有交易和业务活动通常需要通过复杂的审核流程才能进入财务系统，这意味着财务数据的更新和反馈常常滞后于实际交易的发生。例如，在电子支付过程中，企业需要首先审核支付数据，再通过会计系统进行录入，接着汇总和生成报表，这一过程通常需要数日或数周的时间。然而，电子商务的特点是实时交易和即时支付，这就要求财务系统能够在极短的时间内更新数据并进行资金结算，否则将导致企业无法及时调整资源配置或对潜在风险作出反应。信息滞后不仅影响了财务数据的准确性，也直接影响了决策的及时性，使管理层无法快速获取最实时的财务状况，进而无法在竞争激烈的市场环境中作出迅速而正确的战略决策。

2. 实时决策和响应能力的缺乏

电子商务的市场环境是高度动态的，企业需要随时响应外部市场变化和内部运营需求，尤其是在销售策略、产品推广、资金流动等方面。为了能够灵活应对市场变化，企业管理层必须依赖最新的财务数据来调整预算、优化成本控制、调整资金配置等。然而，传统财务管理体系通常依赖月度或季度报表，且这些报表通常是在过去的时间框架内进行统计和汇总，缺乏实时更新的能力。尤其在遇到市场需求波动、政策变动或者其他外部事件时，传统财务管理体系提供的财务报告无法及时反映出当前的经营状况和市场反应，导致企业在决策时不能依据最新的信息。

传统财务管理的核心问题在于其信息反馈机制的滞后性，尤其是在面对突发的市场变化或新的业务机会时，传统的周期性报表生成无法快速提供决策所需的实时财务数据。例如，当一项促销活动在短期内带来了较大的销售增长，企业需要快速调整库存和资金流动，而传统财务管理体系往往无法提供即时的销售数据和资金状况，导致资金调度滞后或库存积压。企业在这种模式下无法迅速获得实时反馈，进而错失市场机会或未能及时规避潜在风险。

3. 电子商务交易规模和复杂度的增加

随着电子商务的迅速发展，尤其是跨境电商和多渠道电商的兴起，企业面临的交易规模和业务复杂度也大幅增加。企业不仅需要处理大规模的在线订单，还需要跟踪不同的销售平台、支付渠道、供应链环节等多个方面的财务数据。这些数据不仅量大，还呈现出多样化和复杂化的特点。传统财务管理模式无法高效应对这种快速增长的业务规模和复杂的业务结构，导致财务数据的处理效率低下，影响了财务决策的实时性和准确性。例如，企业通过多个平台（如电商网站、社交平台等）进行销售，每个平台的订单和交易数据都可能需要单独处理，导致企业难以统一管理所有渠道的财务数据。这不仅增加了财务数据的分散性，还让财务管理团队在处理这些数据时面临巨大的压力。尤其是在多渠道和跨境电商交易的场景下，传统财务管理模式无法有效整合不同来源的数据，导致信息滞后和报告不完整。在这一环境下，企业无法实时监控资金流、成本变化、利润波动等财务关键指标，影响了企业对电子商务交易中收入、成本、毛利等的精准跟踪。此外，跨境电商和多国运营的企业面临着汇率波动、关税变化、不同国家的税务法规等复杂问题，这进一步加大了财务管理的复杂性。传统财务管理模式无法灵活应对这些复杂且频繁变化的外部因素，导致企业在进行跨境结算、税务合规等操作时，无法及时调整策略和应对新挑战。

（二）财务数据的集中化处理问题

1. 分散的财务数据管理方式

传统财务管理模式通常依赖分支机构或各个部门独立管理财务数据，这种分散的管理方式常常导致各部门之间的信息传递不畅，数据共享与集成的效率低下。尤其在大型企业或跨国公司中，各个部门、子公司和分支机构往往使用独立的系统来管理其财务数据，这些系统通常缺乏互通性和集成性，导致各个环节的财务信息无法统一汇总和实时更新。例如，在传统财务管理模式下，各个分支机构需要通过手工报告和纸质文档将财务信息汇总给总部，这个过程通常既烦琐又低效。此外，分支机构的财务数据往往无法及时共享，导致总部无法迅速获得来自全球各地的最新财务数据，进而影响了管理层对公司整体财务状况的掌控。传统的分散式财务管理方式不仅增加了企业的财务管理成本，还降低了资源配置和决策过程的灵活性，进而影响了企业的整体运营效率和市场反应速度。

随着电子商务的兴起，尤其是跨境电商和多渠道电商的快速发展，企业的财务管理面临着更多复杂和多样化的数据来源。各个销售平台、支付系统、供应链管理系统等都需要及时的财务数据处理和汇总，但传统财务管理模式下的“数据孤岛”效应使企业很难在不同部门之间共享和整合财务信息。

2. 数据汇总与整合的低效性

在传统财务管理模式中，由于企业财务数据来源广泛、格式不同，数据汇总和整合通常依赖人工操作。各个部门和分支机构可能采用不同的财务管理系统，这些系统之间没有有效地集成，数据格式不一致，导致数据汇总过程存在重复录入、人工核对以及格式转换等问题。在电子商务的背景下，企业需要实时整合来自不同支付平台、销售渠道和库存管理系统的数据，以便及时了解企业的经营状况、现金流、库存水平等。然而，在传统财务管理模式下，企业的财务信息常常不能在及时和准确的时间内汇总，影响了决策支持的效率。例如，在跨境电商的背景下，企业需要同步处理多个国家和地区的财务数据，包括外汇结算、跨国税务合规以及不同支付渠道的收入与支出。这些繁杂的操作往往依赖人工数据处理，导致了信息的滞后，并且人工汇总的数据常常存在误差，影响了财务分析的准确性和决策的时效性。此外，传统的财务管理系统常常无法实现大规模数据的快速处理和分析，这使财务数据的汇总和整合更加低效。对于需要实时决策的电子商务企业而言，财务数据的滞后和低效整合，不仅影响了预算控制、成本核算，还妨碍了企业及时对市场变化作出响应。

3. 技术整合的障碍与挑战

现代企业需要能够实时整合来自不同业务系统和平台的财务数据，以便进行及时的财务分析和成本控制。然而，传统的财务管理体系通常由多个封闭、独立的系统组成，导致各系统间的技术整合难度加大。传统的财务信息系统通常缺乏与企业资源规划、客户关系管理和供应链管理系统等其他关键业务系统的有效集成，造成了财务数据的流动滞后和信息的孤岛效应。

在传统财务管理模式下，财务数据的录入、存储、处理和分析通常是在一个封闭的系统内进行，各系统的数据之间缺乏统一的标准，难以进行高效对接。随着企业规模的扩大，业务的复杂性不断增加，传统的财务系统已经无法满足跨部门、跨区域的复杂数据需求。特别是在多渠道电商、跨境电商的环境下，企业面临着大量来自不同销售平台、支付系统以及供应链系统的数据，这些数据需要统一进行集成和分析，以便实时监控财务状况和经营成果。此外，传统财务管理系统的技术架构通常较为陈旧，难以适应大数据、云计算等新兴技术的发展需求。这些新兴技术能够提供高效的数据处理、实时分析和智能化的决策支持，但传统财务管理系统往往难以整合这些先进技术，导致数据流动性差，决策的时效性差。

（三）业务流程的非灵活性

1. 固定流程和层级审批的弊端

传统财务管理体系依赖严格的层级审批制度，所有的财务决策、预算审批、支出控制等均需要经过多个环节的审核和批准。这种严格的流程设计本意是为了保证财务操作的合规性和透明度，但在电子商务环境中，这种制度却显过于笨重和滞后。电子商务行业的快速发展要求企业能够迅速响应市场变化，灵活调配资源，而传统的财务管理流程常常导致信息传递的滞后，影响了资金的快速调度和资源的迅速配置。具体来说，传统财务管理流程的固定性使企业的决策和操作往往是“事后”的，反应速度较慢。以预算审批为例，在传统财务管理模式中，企业通常需要花费较长时间来完成从预算编制到最终审批的过程。而在快速发展的电子商务环境下，企业可能面临突发的市场机会或紧急的资金需求，传统的审批流程无法迅速处理这些紧急情况，导致企业在需要快速决策时，常常错失机会，影响了企业的竞争力。

2. 人工操作与自动化的矛盾

在传统财务管理模式中，企业依赖大量人工操作进行财务数据处理和资金调度。这种手动输入、数据汇总和报告生成的方式，不仅效率低下，还容易引发人为错误，特别是在需要处理大量电子商务交易的环境中。例如，电子商务的快速交易特征要求企业能够实时处理海量的交易数据、支付结算信息和客户反馈。然而，传统的财务管理体系往往依赖人工输入和手动审核，增加了处理时间，也降低了数据的准确性。

传统财务管理模式的这一问题在面对电子支付、即时采购和快速订单处理时尤为突出。在传统财务管理模式下，企业需要通过人工输入将支付信息录入系统，进行核对和批准。每一笔交易都需要人工核对资金流、发票、订单和供应商信息，这不仅耗时耗力，而且容易出现误差。随着电子商务交易的增多，这种人工操作带来的效率问题愈加明显。例如，在多平台销售的跨境电商中，由于在传统财务管理模式下财务人员需要手动进行多次数据录入和核对，不同支付平台和银行的账务数据无法实时对接，严重影响了资金流动的效率和资金调度的及时性。

3. 应对快速变化的能力不足

电子商务的核心竞争力在于其应对快速变化的市场需求和不断变化的消费者行为的能力。在这种环境下，企业需要根据实时数据动态调整财务策略和运营模式，快速响应市场机会和潜在风险。然而，传统财务管理模式由于其强调周期性报告和静态预算，难以实现对这些快速变化的实时反应。

传统财务管理体系通常依赖历史数据和周期性的报表来评估企业的财务状况，而这些数据往往滞后，不能实时反映当前的运营情况。例如，企业在面对一个突如其来的市场机会时，传统的财务管理模式可能需要几天时间来整合并分析财务数据，而在这一段时间市场已经发生了变化，使企业错过了时机。尤其是对于电子商务企业而言，市场的需求变化和竞争的加剧要求企业能够及时调整运营策略、资金调度和库存管理，而传统财务管理模式无法满足这一需求。此外，传统财务管理的周期性和固定性，使企业在面对多渠道、多区域运营的复杂性时，往往缺乏快速决策所需的灵活性。传统财务管理模式中的财务报告往往是在一个会计周期后才能得到，而电子商务行业的高频次交易使企业的财务状况时时刻刻都在发生变化。

三、传统财务管理中财务信息的真实性、可靠性、及时性较差

（一）信息传递的滞后性

1. 信息流通的低效性与时效性不足

在传统财务管理模式下，财务报表的生成往往是周期性的，如月报、季报

和年报，信息传递也常常是通过手工输入和人工汇总的方式进行。在这种模式下，各部门、子公司、分支机构的财务数据往往经过多级汇总和审批，导致财务报表传递的速度慢、信息汇总不及时。这种低效的流程使管理层无法实时获取财务数据，尤其在多层次、多业务的企业中，财务数据往往要经过多个环节才能最终到达总部。财务报表往往滞后于企业的实际经营状况，影响了决策的实时性和准确性。例如，当企业在某一时段面临市场竞争压力时，若财务信息的汇总延迟，管理层难以及时调整资源配置和运营策略，导致企业错失应对机会。

2. 管理决策滞后与反应迟钝

由于信息流通的滞后，企业决策者往往依赖过时的财务数据作出决策。在市场环境变化迅速的情况下，企业如果不能实时掌握各业务单位的财务动态，往往无法在第一时间作出反应。这种滞后的财务信息影响了企业对市场变化、资金流动、成本控制等方面的及时调整。尤其在财务报表的统计周期较长时，企业的应急响应和战略调整常常滞后于实际情况，导致管理决策的低效和执行力的不足。例如，在进行大规模投资决策时，若财务数据的反应不及时，可能会导致企业的资金配置错误，错失市场机遇或面临潜在的财务危机。

（二）数据的可靠性与真实性问题

1. 人为因素导致的财务报表失真

由于企业内部管理机制和信息流转的不完善，尤其是在分公司或子公司层面，财务人员可能会根据自身的利益或外部压力，对财务数据进行修改或调整。这种人为因素不仅使财务数据失去了准确性，也对集团总部的决策带来了误导。比如，某些分公司可能为了达到绩效指标，夸大收入或隐瞒成本，从而使财务报表上反映的数据与实际情况不符。这种情况不仅影响了决策者对公司财务状况的判断，也可能引发税务、审计等方面的合规问题，进而给企业带来法律和财务风险。

2. 审计和监督机制的不足

在传统财务管理模式中，审计和监督往往依赖后期的审查和财务报表审计，未能实现对财务数据的实时监控。审计部门通常依赖定期审计或外部审计机构来发现问题，而不是通过实时监控或数据校验系统。这可能使企业在早期阶段未能及时发现财务数据中的问题，导致财务报表的准确性受到质疑。同时，内部审计和监督机制的薄弱，导致了财务数据的管理难度加大，尤其是在全球化的企业集团中，如何确保各分支机构的财务数据的真实性和准确性，成为一个亟待解决的问题。

3. 缺乏数据一致性和标准化

在传统财务管理模式中，企业往往依赖各个部门和子公司自行编制财务报表，并将其汇总到总部。这种方式导致企业缺乏数据一致性和标准化，尤其在跨国公司或多元化经营的企业中，不同地区和部门采用的财务标准和报告格式可能不统一。这使企业在整合和分析财务数据时，容易出现数据不一致的情况，从而影响了数据的可靠性和可比性，进而影响整体财务状况的准确反映。

（三）信息不对称对决策的影响

1. 决策层对财务数据掌握不全

在传统财务管理模式中，企业的财务数据通常由各个部门、子公司和业务单位分别处理，并经过多个层级的审核和汇总。虽然这些数据获得系统化和标准化管理，但由于数据的采集、处理和传递通常依赖手动汇总和纸质文件，决策层往往只能在周期性报告和财务报表完成后获得信息。在这种模式下，信息的传递是滞后的，决策者无法实时掌握企业整体财务状况。例如，在大型企业或跨国公司中，各子公司和分支机构的财务数据常常分别管理，且各自的财务流程和管理标准可能不同。财务报告的生成和汇总需要经过多重审批流程，可能延迟几天甚至几周。这样，决策者在作出重要的战略决策时，往往依赖过去的财务数据，这可能无法全面反映企业当前的经营状况。例如，决策者无法实时了解某些部门或子公司所面临的现金流问题、负债压力或者潜在的市场风险，从而影响了整体的财务健康评估。这种信息传递的滞后性和分散性使决策层无法及时获得全面、准确的数据支持，限制了管理层的判断力和决策效率。特别是在企业面临突发的市场机会或挑战时，管理层无法及时获取关键数据，导致资源分配和资金调度等方面的决策失误。

2. 决策的滞后和低效性

信息不对称的另一个显著影响是决策的滞后性和低效性。由于传统财务管理依赖的是周期性报告和历史数据，决策层常常只能依赖过去的数据来进行战略规划和资源配置。这些历史数据虽然能够反映过去的经营情况，但在动态和快速变化的市场环境下，其往往无法准确反映当前企业的财务状况和市场动态。以年度预算编制为例，传统财务管理模式通常在年度预算编制时依赖上一个财务周期的财务数据。这些数据是历史性的，不能及时反映市场的最新趋势和企业的当前需求。假设市场环境发生变化或新的法规政策出台，传统的财务报表往往无法及时捕捉到这些变化的影响。为了应对这种局面，企业需要调整其财务管理模式，采用更加灵活、实时的数据支持，以便及时调整预算和财务决策，确保战略方向和财务规划与市场的实际需求相匹配。此外，传统财务管理模式中的信息传递和决策流程一般都经过多个层级的审批，这样的结构容易导致决策的延迟和滞后。在快速发展的市场中，决策层通常需要快速作出反应，而长时间的审批流程往往使企业错失关键机会或无法及时应对突发事件。尤其是在电子商务、数字化产品和跨境业务快速增长的环境中，传统财务管理模式的滞后性使企业面临更大的运营风险，进而影响了企业的市场竞争力。

3. 运营效率的下降与风险增大

信息不对称不仅影响了决策的及时性和准确性，还大大增加了企业的运营风险。由于传统财务管理模式无法实现实时数据共享，企业在面对市场波动时，往往无法及时发现潜在的财务问题。例如，资金链的紧张、库存积压、应收账款的拖延等问题，可能不会立即反映在传统的财务报表中，但这些问题如果未能被及时发现和解决，将会对企业的资金流和运营效率产生深远影响。在传统财务管理模式下，管理层依赖周期性的财务数据来作出决策，而这些数据通常滞后，可能错过预警信号。例如，当财务报告显示企业的负债水平上升时，实际情况可能已经是资金链紧张，企业面临流动性危机。由于信息传递的滞后性，管理层可能会错失采取及时措施的最佳时机，增加企业的财务风险，甚至在问题扩大的情况下，企业可能会面临资金周转困难或经营危机。此外，传统财务管理模式下的信息不对称还可能导致企业错失市场机会。在面对市场变化时，传统财务管理往往依赖过去的趋势来作出判断，这种判断有时会因为信息的不完全或滞后而导致战略决策失误。企业需要及时的、全面的财务信息支持，以便准确识别市场变化，采取相应的调整措施。例如，在跨境电商企业中，市场需求和消费者行为的变化非常迅速，企业需要快速响应这些变化才能维持竞争力。而在传统财务管理模式下，企业往往无法及时获得消费者行为数据、市场趋势和竞争对手信息，从而错失及时调整市场策略的时机。

四、传统的财务管理是事后管理

（一）财务报表的滞后性

1. 报表周期的滞后性

传统财务管理模式的一个显著特征是财务报表的周期性生成，这通常表现为月度、季度或年度报表。根据会计周期，资产负债表、利润表和现金流量表等财务报表总结的是过去一段时间内的经营活动，而非当前的财务状况。这种周期性报告的滞后性，导致了管理层无法实时掌握企业的财务动态。例如，资产负债表反映了某一特定时间点的企业财务状况，虽然它能够展示企业的负债、资产和所有者权益等重要数据，但由于其基于过去的会计周期，这些数据在企业实际运营过程中往往已经过时。利润表和现金流量表等报表也是类似的，它们通过整理和总结上一会计周期的收入、支出和现金流情况来反映企业的经营成果，但这些信息只能作为对过去经营活动的总结，不能实时为管理者提供当前的经营状态。在现代商业环境中，市场变化迅速，企业必须快速适应新情况，并且时刻准备调整战略和战术。如果决策者必须依赖这些周期性报表来了解企业的经营状况，那么它们在企业面临快速变化时的响应能力就大打折扣。举例来说，面对某一行业在短时间内的需求波动或者突发的市场机会，管理层无法通过实时的数据反馈来迅速调整生产、库存、资金流和市场营销策略。

2. 影响决策效率与市场适应能力

随着全球化、信息化和数字化的推进，企业所处的经营环境愈加复杂且变化迅速。通过传统的财务报表来作决策，企业管理层往往只能获得已经过时的信息，进而影响决策的及时性和有效性。在现代经济中，尤其是面对日益激烈的竞争和变幻莫测的市场需求时，管理者需要依赖即时的财务数据来进行快速反应和决策。在传统财务管理模式下，管理层需要等到月度或季度财务报表完成后才能作出决策。这种时间延迟导致决策过程的滞后，特别是在一些需要立即调整生产、销售或资源分配的场景中，决策者无法及时获得支持。例如，在电子商务或快速消费品行业，快速反应能力往往决定了企业能否占领市场，如何快速调整营销策略或产品库存等都需要基于最新的财务和市场数据。但在传统财务管理模式下，由于财务报表周期性的汇总，这些信息可能要经过长时间的整理、审批和汇总，导致决策过程的延迟，从而失去应对市场变化的最佳时机。

对于一个跨国企业而言，全球范围内的市场动态和快速变化的消费者需求，需要企业能够迅速作出资金、生产和人力的调度。而传统的财务管理体系所提供的滞后数据无法满足企业对快速调整的需求，进一步影响了企业在全球市场中的反应速度和竞争力。尤其在资本市场和跨国经营等领域，管理层的决策时效性直接影响企业的财务状况与发展前景。

3. 对业务部门决策支持不足

财务报表的滞后性不仅影响整体企业战略的调整，也影响各个业务部门日常运营决策的效率和精度。现代企业的运营模式强调部门间的快速沟通与协作，尤其是在销售、采购、生产、库存管理等方面，部门间需要通过实时数据来作出动态调整。而传统财务管理模式依赖的财务报表通常是在事后总结经营情况，其提供的数据反映的是过去一段时间内的结果，缺乏对当前业务运行的实时反馈。以销售部门为例，销售人员通常根据前一个月或季度的销售数据来制订采购计划或调整库存。然而，由于这些数据可能已经过时，销售部门的决策很可能与实际市场需求之间存在偏差。例如，市场需求急剧增加，而财务报告的销售数据却仅反映了过去几周的趋势，销售部门会因此错误评估实际的市场需求，导致库存不足或过剩，进而影响客户需求的响应速度。同样，生产部门也需要依赖实时数据来调整生产计划。若生产部门依赖传统的财务报表，这将使生产计划的调整受限于周期性报告的反馈，难以及时调整生产线以满足市场变化。特别是在制造业和供应链管理中，快速的市场响应与资源调度决定了企业的竞争力，而传统财务管理模式的滞后性使这些业务部门的决策和运营效率大大降低。

（二）缺乏实时决策支持

1. 实时数据的缺乏与决策的滞后性

在传统财务管理模式中，决策层往往依赖历史数据和周期性财务报表来作出决策。财务数据主要是基于过去一段时间内的业务活动总结得出的，这些数据经过一个周期的汇总和审核后才会提供给决策者。这种模式的最大问题是，它无法反映企业当前的经营状况和市场环境的实时变化。现代商业环境的快速变化要求企业能够实时获取相关的财务和运营数据，迅速作出战略调整。尤其在电子商务、快速消费品和服务行业，市场需求和消费者行为变化非常迅速，企业必须具备快速响应市场变化的能力。传统财务管理模式的滞后性和信息的周期性更新，使管理者只能基于历史数据作决策，这种“事后决策”在快速变化的市场环境中显然无法满足现代企业需求。例如，假设某企业的销售部门在面对节假日销售高峰时，未能实时获取库存和销售数据，会导致商品库存不足或过剩。在传统财务管理模式中，销售数据的更新通常是月度或季度性的，这使管理层很难即时获得准确的业务动态，无法及时调整生产、调度资源或调整销售策略。这种延迟不仅影响了企业的盈利，还可能损害客户满意度和品牌形象。

2. 缺乏实时反馈的管理模式

传统财务管理体系注重的是通过历史数据的汇总与财务报表的编制来评估企业的财务状况。这种管理模式的核心是定期性的数据回顾与总结，却缺乏对当前经营活动的实时反馈。在日益复杂的商业环境中，管理者必须依赖及时反馈的信息来进行决策，以确保资源的高效配置和市场策略的灵活调整。企业在运营过程中经常会遇到突发的市场情况或内部运营问题，传统的“事后总结”的方式无法快速捕捉到这些问题并作出相应的反应。例如，当某企业的生产部门需要调整生产计划或是进行库存补充时，如果管理者依赖传统的财务报表（如月报或季度报表）进行决策，他们很可能无法即时掌握当前的现金流状况、库存水平或资金状况。历史报表的滞后性使管理层无法获得关键的实时信息，导致决策可能滞后于实际市场需求。这种缺乏实时反馈的管理模式不仅降低了企业对市场变化的应变能力，还限制了管理层对内部问题的快速识别和解决，进而影响了整体运营效率。更进一步地，缺乏实时数据和反馈机制使企业对内部控制的执行力也有所影响。在传统管理方式下，财务审计和风险控制也往往依赖周期性评估，缺乏对实际运营的实时监督。

3. 信息不及时影响战略调整与资源配置

在现代企业经营中，财务决策不仅依赖过去的财务报表和预算数据，还需要基于实时信息进行动态调整。尤其是在进行战略决策和资源配置时，企业需要掌握当前的现金流状况、预算执行情况、销售数据以及市场趋势等信息。传统财务管理体系中的事后数据反馈和周期性报告，无法为企业的实时决策提供支持。尤其是在进行预算调整、资金调度和风险管理时，企业往往需要实时数据来作出灵活而精准的决策。例如，在面对资金短缺时，企业可能需要即时了解其流动资金、应收账款和现金流动情况，以调整预算和融资计划。若依赖传统的月度或季度报表，企业管理层只能在一定周期后得知资金的变化状况，导致企业未能及时调整资金流，甚至可能面临财务危机。又如，企业在进行年度预算调整时，需要依赖最新的市场数据和财务动态来对预算进行优化。传统财务报表由于不能及时反映企业当前的市场状况、收入变化或成本结构，因此预算调整往往是基于失去时效的数据进行的，这使在预算执行过程中很难达到企业资源配置的最优化。此外，传统财务管理模式缺乏对多元化业务、跨区域经营以及全球化运营中的财务数据实时跟踪和分析的能力。尤其是跨国企业和多业务部门的企业，在传统财务管理模式下由于信息反馈的延迟，资源配置和战略调整往往无法与市场和运营状况保持同步。

第三节　大数据时代对传统财务管理的冲击

一、财务管理理论方面

（一）大数据时代对财务管理理论的要求

1. 数据驱动的财务管理

在传统财务管理体系中，数据的收集与分析往往是基于手动输入的财务报表，这些报表只能在一定时间周期后反映企业的财务状况，数据处理往往滞后，且缺乏全面性和实时性。这种静态的数据处理方式难以满足现代企业对决策的实时性和精准性的要求。大数据时代则通过实时收集和动态分析数据，从而为企业提供了更加全面和精准的财务信息。

在大数据时代，财务管理理论的核心已从静态的账务处理转向动态的数据驱动模式。财务管理的所有决策和操作均依赖数据的深度挖掘和智能分析，借助云计算、物联网等技术，财务数据得以在系统间无缝连接，从而实时更新并反映企业的财务状况。企业不再单纯依赖定期报表或手动输入的财务数据，而是通过动态数据流监控资金流动、应收账款、库存、支出等信息，从而实现资金、成本、资源等方面的精细化管理。

在这种数据驱动的财务管理模型下，财务管理人员能够通过实时数据分析和自动化的预测工具，迅速调整预算、优化资金流动、提高资金利用效率，并及时进行风险防控。此外，财务管理的目标也从单纯的账目核算转向了为企业战略目标提供实时支持，使财务管理更加精准和高效，能够支持企业快速决策、灵活调整和持续创新。

2. 动态风险管理

在大数据时代，企业的经营环境变得更加复杂和多变，市场竞争的压力加大，外部环境的不确定性增多。传统的财务管理理论往往基于静态的风险评估模型，依赖历史数据来预测未来的财务风险，这使企业在应对突发事件时缺乏灵活的应对能力。与此相对，大数据技术提供了实时、全面的监控能力，使企业能够对财务风险进行动态评估，并在风险出现初期进行预警和干预。

动态风险管理理论要求财务管理不仅关注财务报表中的历史数据，更要关注实时数据和实时变化的市场趋势。在大数据支持下，企业可以实时分析多个维度的风险因素，包括资金链断裂、信用风险、汇率波动、供应链断裂等。通过大数据分析，企业可以预测风险的发生概率、影响程度和时间窗口，进而制定有针对性的风险应对策略。例如，通过实时监控供应链中的交易数据和付款周期，企业可以及时发现潜在的资金链风险，并采取相应的措施进行调节。此外，动态风险管理框架还能够通过监控企业财务数据与市场变化的关联，帮助企业及时调整运营策略，降低财务风险对企业发展的影响。

（二）财务管理理论的创新方向

随着大数据技术的不断进步，财务管理理论也在不断地创新与发展。传统财务管理体系已无法满足现代企业对实时数据分析和全面风险管理的需求，因此，财务管理理论的创新必须立足于数据驱动、动态风险管理等方面。

1. 构建数据驱动的财务管理模型

大数据的应用使财务管理从传统的基于历史数据的分析模型，转向了基于实时数据流和多维度信息的决策支持系统。数据驱动的财务管理模型不仅能够实时收集企业内外部的各类数据，还能通过数据分析实现财务资源的优化配置。企业的资金、成本、利润等信息将通过数据系统实时更新，管理层能够在第一时间获取关键信息并作出决策。这种数据驱动的财务管理模式要求企业不仅拥有强大的数据处理能力，还需要构建跨部门、跨系统的协同机制。财务管理人员不再依赖单一的财务数据，而是通过多源数据的整合和分析，全面了解企业的经营状况、市场动向以及未来的业务发展趋势。通过这种方式，企业能够在快速变化的市场环境中获得更为准确的信息，为资源配置、战略决策提供数据支持。此外，数据驱动的财务管理模型还能够帮助企业进行精准的预算编制与成本控制。通过大数据分析，企业可以更准确地预测未来的财务状况，并为各部门的预算制定提供实时支持。这不仅提高了预算编制的精确度，还提高了资源的分配和使用效率，确保企业的财务资源得到最大化利用。

2. 强化动态风险管理理论

在大数据时代，财务风险的管理不仅要考虑过去的历史数据，更要依赖实时监控和动态预警。财务管理理论的创新方向之一，就是加强动态风险管理，构建实时、全面的风险评估框架。通过大数据分析，企业可以实时追踪和评估各类风险因素的变化，并根据变化趋势及时调整风险应对策略。

动态风险管理理论要求财务部门不仅要关注日常财务状况的变化，还要根据市场环境、政策变化、行业发展等因素的变化，进行多维度的风险分析。例如，汇率波动、原材料价格波动、劳动成本上升等都可能成为影响企业财务状况的重要因素，而传统的财务管理方法无法对这些外部风险进行实时监控和预测。通过大数据技术，企业可以实时收集并分析这些影响因素，从而提前识别潜在风险，制定应对策略。

动态风险管理不仅是财务管理的创新，也是企业运营管理的核心组成部分。它要求企业能够动态调整财务策略，优化财务资源配置，及时应对市场变化和风险挑战，从而确保企业的可持续发展。基于大数据的动态风险管理框架能够为企业提供实时、精准的财务数据支持，帮助企业在复杂多变的市场环境中保持竞争力，在降低风险的同时提高运营效率。

二、财务管理体系方面

（一）大数据时代对财务管理体系的要求

1. 数据集中化管理

在传统财务管理体系中，数据往往分散在不同的部门、系统和平台中。各部门之间的数据通常难以实时共享与整合，数据孤岛现象较为严重，这使数据分析和决策支持面临巨大的挑战。尤其是在大数据时代，企业的运营涉及多个维度的实时数据，如销售数据、库存数据、采购数据、客户数据以及外部经济环境等，这些数据如果不能进行集中化管理，将无法为决策提供精准、全面的支持。大数据技术为财务管理提供了前所未有的机遇，通过云计算、数据仓库、数据湖等技术，可以将分散的数据集中到统一的管理平台。集中化管理不仅是对企业财务数据的整合，更是实现数据实时更新、快速流通和智能分析的基础。通过数据集中化管理，企业能够消除数据孤岛，打破信息壁垒，实现跨部门、跨系统的数据共享与协作。集中化的数据平台能够实时整合各类来源的数据，为财务管理提供更加全面的决策支持，提高企业的经营管理效率和决策质量。数据集中化管理的实现要求财务管理体系具备强大的数据采集、存储和处理能力。首先，企业需要通过集成各种内部和外部数据源，将信息采集和整合纳入系统化流程。其次，系统需要具备高度的灵活性，能够支持各种格式、不同粒度的数据进行处理和存储，确保数据的质量和一致性。最后，通过先进的数据分析工具和可视化技术，企业能够从海量的数据中提取出有价值的信息，为决策提供精准、及时的支持。

2. 流程智能化优化

大数据技术不仅改变了财务数据的管理方式，还对财务管理的工作流程提出了更高的要求。传统财务管理流程通常涉及多个环节和大量人工操作，从数据的收集、分类、汇总到报表生成，再到预算控制、税务申报等，整个流程烦琐且容易出错。在大数据时代，企业需要更加高效、精确和智能的财务流程来应对复杂的业务需求，提高财务管理效率。通过人工智能、机器学习和自动化技术，财务管理的流程可以得到智能化优化。例如，在数据收集和录入阶段，自动化工具可以帮助财务人员自动化提取、清洗和分类数据，减少手工输入的错误和工作量；在财务报表生成阶段，智能化的财务分析工具可以实时处理和分析海量数据，自动生成各种财务报表，并进行深度分析，为管理层提供即时反馈；在预算和成本控制阶段，智能化工具能够实时跟踪预算执行情况，自动识别偏差，并提出改进建议，帮助管理层作出快速调整。此外，智能化财务流程还可以支持预测和决策支持系统。例如，基于历史数据和实时市场数据，机器学习算法可以预测未来的资金需求、成本波动、市场变化等，提前为企业提供风险预警和决策支持。这种智能化的财务流程优化不仅提高了财务管理的效率，还大大减少了人为干预，降低了财务管理的风险。

（二）财务管理体系的创新方向

在大数据时代，企业的财务管理体系必须实现从传统的静态管理模式到动态智能化管理模式的转变。财务管理体系的创新方向主要体现在数据整合、流程优化等。通过技术手段的应用，财务管理体系能够实现更加精细化的财务资源管理和实时响应的决策支持。

1. 构建数据集中化管理平台

为了适应大数据时代的需求，企业必须构建基于大数据技术的数据集中化管理平台。这一平台不仅能够整合企业内部各部门的财务数据，还能与外部数据源进行对接，集成市场数据、行业数据、政策数据等多维度信息。通过集中化的数据平台，企业可以实现财务数据的实时更新、跨部门共享和协同工作，确保各级管理者能够及时获得最新的财务数据和市场信息。数据集中化管理平台的建设需要依赖云计算、大数据分析技术以及数据仓库等基础设施的支持。企业应根据自身的规模和业务需求，选择合适的技术架构，搭建高效的数据处理和存储系统。企业还需要注重数据质量管理，确保数据的准确性、一致性和完整性。通过标准化的数据格式和统一的数据接口，企业能够高效地处理和分析数据，并为决策提供实时支持。数据集中化管理平台不仅是财务数据管理的核心，还能够为企业提供智能分析和可视化展示功能。管理层可以通过数据平台实时查看各项财务指标、预算执行情况、资金流动等关键数据，作出及时的调整和优化决策。通过数据集中化管理，企业可以实现财务管理的精细化、透明化和自动化，提高整体运营效率。

2. 优化智能化财务流程

在大数据时代，财务管理体系不仅需要处理海量的数据，还要能够支持快速的决策和精确的风险控制。智能化财务流程的优化，能够通过自动化、机器学习和人工智能等技术，大幅提高财务管理的效率和准确性。传统财务流程多依赖人工操作和手动汇总，存在较高的错误率和低效性，而智能化财务流程则能够通过技术手段实现全过程的自动化和智能化。智能化财务流程的核心在于对财务数据的快速收集、处理和分析。企业可以通过智能化的系统，自动从各个业务系统中提取数据，并进行实时清洗和分类。数据经过智能化处理后，可以直接生成财务报表、预算报告等，减少了人工干预，并确保数据的准确性和一致性。与此同时，智能化财务系统还能够实时监控预算执行情况、成本控制和现金流动，为管理层提供实时反馈，确保企业的财务状况能够得到及时的优化和调整。此外，智能化财务流程还能够支持动态预算和风险管理。基于大数据分析，企业能够实时跟踪市场变化、业务发展以及外部经济环境的变化，从而及时调整预算和资金分配。在风险管理方面，智能化财务流程能够实时监控企业的财务状况，并根据历史数据和实时数据预测潜在的财务风险，提前采取措施进行干预。这不仅提高了企业的财务决策效率，还增强了企业应对复杂市场环境的能力。

三、财务数据信息方面

（一）大数据时代对财务数据处理的要求

1. 实时数据处理

大数据技术的核心优势之一就是其强大的实时数据处理能力。在传统财务管理体系中，数据的收集和分析通常是周期性的，依赖每月、每季度或每年的报表生成。这种模式虽然有助于提供准确的财务状况，但缺乏对动态市场变化的实时响应能力。在竞争日益激烈、市场快速变化的环境中，企业需要实时掌握财务数据，以便快速作出决策。

实时数据处理是大数据时代财务管理的基础要求。财务数据不仅包括收入、支出、资产和负债等基本财务信息，还涉及来自各业务部门、供应链、客户和市场的实时数据。通过大数据技术，企业能够实时收集和分析来自不同渠道的数据，快速掌握企业的财务状况，及时调整战略和运营模式。例如，在销售领域，通过实时数据处理，企业可以即时了解销售业绩、库存水平和市场需求变化。这使财务部门能够动态调整资金配置、优化现金流，并作出及时的预算调整。实时数据处理还能够帮助企业应对突发事件，如资金紧张或市场波动，通过快速反应来避免风险和损失。

实时数据处理要求财务管理系统能够快速、准确地处理海量数据并提供实时反馈。实现这一目标，需要企业投资高效的数据采集、传输和分析技术。例如，云计算和分布式计算技术可以有效支撑大规模数据的实时处理，确保数据能够在最短时间内被分析和传递给相关决策者。实时数据的处理还要求企业具备快速响应机制，确保在面对复杂市场变化时，企业能够实时作出精准的决策。

2. 自动化数据处理

自动化数据处理是大数据技术赋予财务管理的一个关键优势。传统财务管理往往依赖大量的人工操作，财务人员需要手动输入数据、生成报告和分析财务状况，这不仅费时费力，还容易出现人为错误。大数据技术通过机器学习、人工智能和自动化分析工具，能够大幅提高财务数据处理的效率和准确性。

自动化数据处理不仅能够减少人为干预，还能够大大提升数据的处理速度，特别是在面对海量数据时。通过自动化技术，财务管理系统能够实时采集、清洗、分类和分析数据，消除人工处理过程中可能出现的错误和偏差。例如，利用自然语言处理技术，企业可以自动从财务文档中提取关键数据，并将其输入财务管理系统中，从而减少手工输入的工作量，并提高数据的准确性。

自动化数据处理能够提高财务分析的效率和深度。传统财务分析通常依赖财务人员对历史数据进行手动计算和分析，这不仅速度较慢，而且难以进行复杂的数据挖掘。大数据技术使财务管理系统能够快速处理海量数据，进行多维度的分析，从而揭示潜在的财务风险、成本节约机会以及资金使用效率等。通过自动化分析工具，企业可以获得实时的财务洞察，帮助管理层作出更加科学和及时的决策。

自动化数据处理能够提高企业的合规性和风险管理能力。财务数据的处理需要遵循严格的会计准则和法律法规。通过自动化系统，企业可以确保所有财务数据的处理都符合相关的法律和行业标准。并且自动化数据处理能够帮助企业实时监控财务状况，及时发现潜在的财务风险和合规问题，从而减少由于人为错误或疏忽导致的风险。

（二）财务数据处理的创新方向

在大数据时代，财务数据处理不仅要求实时性和自动化，还要注重精准性和灵活性。随着技术的不断进步，财务管理体系需要创新，以适应新的管理需求。在这一过程中，数据整合和智能分析将成为企业财务管理的重要方向。

1. 构建实时数据处理平台

为了适应大数据时代对财务数据实时处理的需求，企业需要构建一个基于云计算、大数据技术和智能分析的财务数据处理平台。这个平台应具备强大的数据采集、存储和分析能力，能够实时处理来自多个渠道的数据，为财务管理提供及时的决策支持。通过这一平台，企业不仅能够快速收集和存储财务数据，还能够实时进行数据分析，为管理层提供动态的财务报告和预测分析。

构建实时数据处理平台的关键在于集成多源数据，并确保数据的质量和一致性。企业需要整合来自销售、采购、生产、市场和客户等多个部门的数据，并将其统一到一个集中的数据仓库中。为了保证数据的实时性，企业还需要确保数据的采集和传输能够无缝对接，并采用快速的数据处理算法，以保证财务数据能够在最短的时间内得到分析并反馈给决策者。实时数据处理平台不仅要具备强大的数据存储和分析能力，还需要具备高效的数据可视化和报表功能。通过数据可视化技术，管理层可以直观地查看各项财务指标的实时变化，及时发现潜在问题并采取相应的措施。这种可视化技术能够大大提高决策者的决策效率和准确性，帮助企业快速适应市场变化并作出调整。

2. 优化自动化数据处理流程

在大数据时代，企业面临的数据量巨大且复杂，传统的人工数据处理方式已经无法满足现代财务管理的需求。优化自动化数据处理流程，不仅能够提高数据处理的效率，还能够确保数据的准确性和一致性。企业需要通过引入智能化的财务管理工具，将数据的采集、清洗、存储、分析和报告生成等各个环节自动化，减少人为干预，提高数据处理的效率。

优化自动化数据处理流程的核心在于构建一个灵活、高效的数据流转机制。企业需要确保数据在各部门、各系统之间能够无缝流转，并且能够进行自动化分类和标记。通过智能化的分析工具，企业能够实时分析财务数据，识别出财务状况中的潜在问题，并自动生成报告，提供决策支持。优化自动化数据处理流程还需要加强对数据质量的管控。传统的财务数据处理往往依赖手动检查和确认，这容易出现疏漏和错误。在大数据时代，企业应通过智能化的数据清洗和校验工具，自动检测和修复数据中的问题，确保数据的质量和可靠性。

四、财务预算与分析方面

（一）大数据时代对财务预算与分析的要求

1. 实时预算分析

在传统财务管理中，预算分析往往依赖历史数据和周期性财务报表，决策者通常只能根据过去的财务表现作出未来的预算安排。这种模式的局限性在于其缺乏对实时经济环境变化的响应能力，容易错失市场的关键机会。在大数据时代，财务预算分析则强调对实时数据的采集、分析和应用，确保预算能够及时反映当前的经营状况和市场动态。大数据技术使企业能够利用实时数据流进行财务预算分析，不仅限于财务数据，还包括市场趋势、消费行为、宏观经济因素等多元化的数据来源。企业能够通过实时的销售数据、生产数据、现金流状况等，快速调整预算计划。对于拥有多个业务单元或分支机构的企业，实时数据分析能够将各个部门的财务数据集成并统一管理，使预算的调整不再依赖传统的周期性报告，而是基于最新的数据即时作出反应。例如，企业在面对突发的市场需求变化时，能够快速调动资源，调整预算策略，实现对资源的动态优化配置。通过实时预算分析，企业可以避免因预算滞后而导致的资源浪费或错失盈利机会。现代技术如云计算、大数据平台以及人工智能等，使实时预算分析成为可能，企业不仅能够获取实时财务数据，还能通过智能化的分析工具自动评估当前的财务状况，并预测未来可能出现的财务风险。

2. 动态预算分析

大数据时代的财务预算分析要求企业能够在预算执行过程中进行动态调整。传统的财务预算是基于年初制定的固定预算，通常在年度预算周期结束前，难以进行大幅度的调整。这种固定不变的预算体系无法应对现代企业所面临的复杂市场环境和不断变化的需求。而大数据技术则能为财务预算分析提供高度的灵活性和动态响应能力。

动态预算分析意味着企业可以根据实时收集到的业务数据、财务数据、市场信息等，对预算进行持续调整。例如，在销售收入不达预期时，财务部门可以根据实时数据调整支出预算，或者重新评估投资计划，以确保财务健康。在供应链管理中，动态预算分析同样能够帮助企业根据库存数据、供应链成本和市场需求的变化，调整采购预算和生产计划。这种动态调整能力，使企业能够实时适应市场变化，优化资源配置，并在预算执行过程中更好地控制财务风险。

动态预算分析的实现离不开大数据技术的支持。首先，企业需要构建一个数据整合平台，将来自各个部门、系统和外部环境的数据集成到统一的数据仓库中。然后，利用大数据分析技术，如机器学习和预测分析工具，对历史数据和实时数据进行深度分析，形成更加准确的预算调整模型。动态预算分析不仅能帮助企业在预算执行中发现潜在问题，还能提高企业对未来财务状况的预判能力，从而作出更加科学和合理的预算调整。

（二）财务预算与分析的创新方向

1. 构建实时预算分析平台

为了满足大数据时代对财务预算分析的需求，企业需要构建一个实时预算分析平台，这个平台需要集成各类财务数据、业务数据、市场数据等，并能够实时采集、处理和分析这些数据。通过云计算、物联网、人工智能等技术，企业可以实时获取来自生产、销售、供应链、市场等各个环节的数据，进而为预算分析提供全面的数据支持。实时预算分析平台的核心在于数据整合与智能分析。企业需要搭建一个统一的数据平台，将各部门、子公司及外部环境的相关数据整合在一起，确保数据的实时更新和高效流通。平台需要支持实时的数据处理，能够根据不同的业务场景自动推送财务数据，进行快速分析和预测。平台还应该具备智能化的分析能力，能够通过算法模型自动识别出预算执行中存在的问题，并提供实时反馈，帮助管理者快速作出决策。例如，企业可以利用实时预算分析平台，对预算执行情况进行监控，及时发现预算超支或资源浪费的情况，迅速调整资金分配或战略方向。通过这种平台，企业能够实时监控预算执行的每一环节，及时发现潜在问题并解决，提高财务管理的效率和精准度。

2. 优化动态预算分析模型

在大数据时代，财务预算分析不仅依赖历史数据，还需要对未来趋势进行精准预测。为了实现这一目标，企业需要优化其动态预算分析模型。这些模型需要根据实时数据进行不断调整，并根据预测结果来优化预算决策。动态预算分析模型的优化要求企业结合大数据技术、机器学习和人工智能等工具，创建可以自我学习和自我调整的预算管理系统。

优化动态预算分析模型的关键在于构建一个多维度的预测分析框架。企业需要通过对历史数据的深度挖掘，结合实时市场数据和外部经济环境的变化，预测未来的市场需求和经济走势。这些数据将成为调整预算的依据，使企业能够及时识别潜在的财务风险或市场机会。例如，通过对销售数据和客户需求趋势的预测，企业可以根据市场的变化及时调整生产计划和采购预算。通过这种优化的动态预算分析模型，企业能够更加灵活地应对市场的变化，优化资源配置，并提高财务决策的准确性和实时性。企业还需要通过智能化工具来进行预算预测和风险评估。这些工具不仅能够对数据进行实时处理，还能通过机器学习算法发现数据中的潜在规律，预测未来的财务状况。

五、财务风险防控方面

（一）大数据时代对财务风险防控的要求

1. 实时风险监控

大数据技术的应用使企业能够对海量数据进行实时采集、分析和监控，从而为财务风险防控提供实时的数据支持。与传统财务管理中的滞后数据相比，实时数据监控能够为企业提供及时的财务状况反馈，帮助管理层快速了解当前的资金流动、现金储备、债务水平、应收账款等关键财务指标。这些实时数据不仅帮助企业识别现有的财务问题，还能预测未来的财务风险，如现金流不足、贷款违约等潜在风险，帮助企业在风险发生前采取预防措施。例如，利用大数据分析工具，企业可以通过对交易数据的实时分析，发现异常的资金流动或未及时还款的客户，及时启动风险预警系统。这种实时监控系统能够通过集成内部和外部的数据，识别出潜在的财务风险信号并向管理者发出警报，帮助他们迅速作出反应。实时数据监控还可以为财务决策提供动态支持，在资金调配、资源配置等方面提供实时数据指导，确保财务管理始终与企业的运营需求保持一致。

2. 动态风险应对

传统财务管理模式在风险应对时主要依赖事后分析和调整，而大数据技术能够通过实时数据分析和机器学习等工具，实时预测和动态调整企业的财务风险防控策略。企业在运营过程中可能面临多种财务风险，包括市场波动、资金短缺、债务危机等。大数据技术能够帮助企业更精确地评估风险的来源、影响范围和潜在损失，并自动推荐应对措施。在大数据时代，企业可以通过大数据分析工具分析来自不同业务环节的实时数据，预测可能出现的风险，并提前作出调整。这种动态风险应对的核心在于灵活性和适应性，企业能够根据最新的风险预警和数据反馈，调整预算计划、优化资金配置或启动应急预案，确保风险能够在早期得到有效控制。大数据技术的应用还能够使企业的风险应对更加精准。例如，基于历史财务数据、客户行为数据和外部市场信息的分析，企业可以建立精准的风险模型，预测未来可能出现的财务问题，并提前制定应对策略。通过机器学习技术，企业能够持续优化风险应对模型，提高应对策略的有效性和准确性。

（二）财务风险防控的创新方向

1. 构建实时风险监控平台

为了更好地实现实时风险监控，企业需要构建一个基于大数据技术的风险监控平台。这一平台将集成来自多个数据源的实时数据，包括内部财务数据、外部市场数据、行业趋势、政策变化等。平台通过大数据分析技术，对这些海量数据进行实时处理和分析，及时发现潜在的财务风险。例如，企业可以通过集成的风险监控平台，对财务状况进行 24 小时不间断的实时监控，分析资金流动、负债比率、现金流等关键财务指标，并根据预设的阈值自动发出警报。平台还能够通过数据可视化和智能报表，为管理层提供简洁明了的风险分析报告，帮助企业快速作出决策。

2. 优化动态风险应对模型

大数据技术的另一大优势是其能够提供动态的、实时更新的风险应对模型。企业在风险防控过程中，不能仅依赖传统的应对策略，而应根据实时数据和市场变化不断调整风险管理措施。通过构建动态的风险应对模型，企业能够对不同类型的风险进行全面的评估，并根据最新的风险预测自动启动应对措施。例如，在面对市场波动或资金链紧张时，企业可以通过动态风险应对模型预测可能出现的资金缺口，并提前做好资金调度和风险分担措施。通过智能化算法，企业能够更精准地识别风险源和影响因素，实时调整预算计划、融资策略和投资决策，从而在风险发生时保持较高的应对能力。

第四章　大数据驱动下的财务管理模式创新

第一节　大数据在财务管理中的应用

一、财务决策与战略规划

（一）数据驱动的财务决策模式

大数据时代的财务决策模式不同于传统的依赖历史数据和经验判断的模式。通过大数据技术，企业能够实时处理和分析海量的多元化数据，包括市场趋势、消费者行为、供应链动态、行业变化等各种相关数据。这些数据不仅可以帮助企业分析过去的财务表现，还可以提供对未来趋势的预判，帮助企业在瞬息万变的市场中作出更加精准的决策。

大数据技术的最大优势在于其高效的实时数据收集与分析能力。企业管理者可以通过整合来自各个方面的信息（如销售数据、客户反馈、供应链效率等），及时掌握市场动态，并根据这些信息及时作出决策。例如，在零售行业，企业可以利用大数据工具分析客户的购买行为、搜索趋势、价格敏感度等，从而调整定价策略、库存管理和营销活动，以实现资源的最优配置和成本效益的最大化。

与传统财务决策模式依赖财务报表的回顾性分析不同，数据驱动的决策模式可以在瞬间为管理层提供关于市场需求、客户偏好和供应链动态等方面的实时数据支持。这使企业可以在动态变化的市场环境中迅速作出决策，提升其在市场中的反应速度和竞争力。通过数据的实时分析和应用，决策者能够获得更多维度的洞察，并迅速识别潜在的机会和威胁。例如，在企业进行市场扩展时，数据分析不仅能够帮助决策者评估潜在市场的规模和增长速度，还可以揭示当前市场中尚未满足的需求，从而调整企业的市场定位和资源投入。通过大数据的应用，财务决策模式逐渐转向了一个更加灵活和动态的体系。企业不再仅依赖静态的历史数据，而是借助实时数据的分析结果迅速做出决策。

（二）财务战略规划的科学性与精准性

财务战略规划是企业制定长期发展目标和资源配置计划的关键步骤。传统的战略规划往往依赖历史财务数据、经验判断和市场趋势预测，这种基于过往经验的战略制定方法在应对快速变化的市场环境时存在较大的局限性。尤其是在全球化经济和数字化时代的背景下，企业面临着更加复杂的市场环境和激烈的竞争压力。为了应对这些挑战，企业必须将大数据技术融入战略规划的过程中，从而使战略规划更加精准、动态和具有前瞻性。

大数据技术的应用为财务战略规划提供了多维度的数据支持。通过大数据分析，企业可以整合并分析来自不同领域的数据，包括宏观经济走势、行业发展趋势、消费者行为、竞争对手动态等。这些数据不仅能够帮助决策者全面了解市场和行业环境的变化，还能够揭示潜在的商业机会和威胁，从而为战略规划提供更加科学和精准的依据。通过构建数据模型，企业可以预测未来市场的发展趋势，并基于这些预测调整战略目标，优化资源配置和战略实施计划。例如，在零售行业，企业可以通过大数据分析消费者的购买模式、季节性需求变化、价格敏感性等，提前调整产品策略和销售策略，从而优化库存管理和营销计划。通过实时的数据分析，企业可以灵活应对市场的需求变化，避免库存积压和资源浪费，提高资本的使用效率。大数据技术还可以帮助企业在全球化竞争中保持竞争优势，通过对竞争对手的数据监控和分析，及时调整市场定位和产品策略。

在战略规划过程中，大数据不仅帮助企业识别未来的市场趋势和潜力，还能够为企业制订多个战略方案，并通过不同情境的模拟来评估各个方案的可行性和潜在风险。例如，企业可以通过对不同市场环境和政策变化的模拟，预测其对公司业务的影响，从而作出更加科学和可操作的战略决策。通过大数据的辅助，企业的战略规划不再局限于传统的经验和预测，而是基于实时和准确的数据进行动态调整，确保规划的实施更加科学、高效和精确。

二、预算管理与成本控制

（一）基于大数据的预算编制与调整

1. 多源数据的集成与实时预测

在传统的预算编制过程中，企业往往依赖历史财务报表和定期的业务报告。然而，这种基于历史数据的方式已经无法满足快速变化的市场需求和复杂的经营环境。在大数据时代，预算编制依赖来自不同部门和外部市场的海量数据集成。大数据技术可以实时收集和整合销售数据、客户行为数据、供应链信息、市场趋势等多元化的数据，提供全方位、精细化的分析支持。例如，零售企业可以通过分析消费者的购买行为、季节性需求变化、促销活动效果等数据，实时调整销售预算和库存预算。通过大数据分析，企业能够实时识别哪些产品在不同时间段和市场条件下销售较好，进而预测未来的销售趋势和库存需求，从而优化预算分配和资源配置。在生产型企业中，通过对原材料价格波动、生产进度、设备运行效率等数据的分析，企业能够更精确地制定采购预算和生产预算，避免由于市场波动和生产进度不一致而导致的资源浪费。

2. 数据驱动的动态调整

在传统的预算管理模式中，预算执行中的差异通常是在周期性财务报表汇总之后才能发现，这种反馈往往滞后于实际的运营状况，导致预算调整无法实时跟进市场变化。而在大数据驱动下，企业能够实时监控预算执行情况，并根据实际运营数据进行动态调整。大数据技术的应用，特别是通过实时数据的收集和分析，帮助企业迅速识别预算执行中的偏差，及时调整战略，确保资金和资源的高效利用。例如，零售企业在销售旺季可能会遇到突发的市场需求变化，传统预算编制可能未能预测到这一变化。而大数据技术使企业能够实时监控各项销售数据、客户反馈、库存水平等信息，通过实时数据分析，及时调整采购预算和库存计划。例如，当销售数据未达到预期时，企业可以迅速优化促销策略，调整库存采购，避免资金浪费；反之，当销售增长超过预期时，企业可以灵活调整采购计划，确保供应链的顺畅运行。通过数据驱动的动态调整，企业可以实时跟踪预算执行的每一个环节，确保预算执行过程中的灵活性与精确性。大数据技术使预算调整过程不再是周期性的，而是一个持续的、实时的动态过程，能够帮助企业在复杂多变的市场环境中保持灵活性和竞争力。

3. 模拟与预测的应用

在大数据时代，企业不仅可以通过过去的数据进行预算编制，还可以利用大数据分析进行未来趋势的预测和不同情境的模拟。传统的预算编制通常依赖定期的历史数据汇总，而大数据技术则通过实时数据分析和场景模拟，帮助企业提前预判不同情境下的财务状况，并为未来的决策提供有力支持。

大数据技术能够基于大量的实时数据，通过对不同场景的模拟，为预算编制提供更高的准确性。例如，零售企业可以通过模拟不同促销活动对销售收入的影响，进而确定销售预算和市场营销预算的合理分配；制造企业则可以根据原材料价格波动和生产进度，预测未来的采购需求和生产能力，从而优化采购预算和生产预算的分配。这种模拟和预测的应用帮助企业考虑不同外部因素和内部运营变量，作出更加科学的预算规划。

此外，财务人员可以通过大数据技术模拟不同的市场情况、政策变化和竞争对手的动态，评估其对企业财务状况的潜在影响。这种模拟不仅能够帮助企业识别潜在的市场机会，还能提前应对可能出现的风险，进而调整预算，优化资源配置。

（二）成本控制的精准化与智能化

1. 生产成本的精准控制

在传统的生产成本控制中，企业通常依赖经验和历史数据来估算生产成本，然而这些估算方法往往不够精确，容易导致成本超支或资源浪费。大数据技术的引入使企业能够实时监控生产过程中的每个环节，从而精确识别成本结构中的关键因素。例如，企业可以通过对生产效率、原材料价格、能耗等数据的实时分析，发现生产过程中的瓶颈和资源浪费，并采取优化措施。通过分析设备的运行效率和维护周期，企业能够减少停机时间，提高生产线的利用率，降低生产成本。企业可以借助大数据技术对生产环节进行全面的诊断，识别出哪些环节存在过度消耗或低效运行，从而通过数据驱动的方式进行调整。例如，在汽车制造行业，企业可以实时分析零部件的采购成本、库存水平和生产周期，通过优化生产计划和采购策略，实现资源的最优配置，从而减少生产成本。

2. 采购环节的智能化控制

传统的采购成本控制往往依赖经验判断和定期数据分析，而大数据技术使采购决策可以更加精准和动态。通过对供应链数据、市场价格趋势、历史采购记录等数据的深度分析，企业可以预测原材料价格波动，并根据预测结果制定采购策略。例如，企业可以利用大数据分析全球供应链的变化，提前预测未来几个月的原材料价格走势，进而作出更为科学的采购决策。通过实时跟踪供应商的交货周期、质量控制和价格变化，企业能够优化供应商选择，并减少采购环节中的不必要开支。企业还可以通过分析历史采购数据，优化库存管理，避免库存积压或资金周转不畅，从而进一步降低采购成本。

3. 销售成本的优化管理

在销售环节，企业同样能够借助大数据实现成本控制的精准化。例如，企业可以通过对销售渠道、促销活动、客户群体等数据的分析，识别出哪些销售策略和活动带来了最好的回报，从而优化销售预算和成本支出。通过大数据分析，企业可以实时监控销售活动的效果，及时调整促销策略和广告投放计划，避免不必要的广告支出和资源浪费。通过对客户需求、市场价格和销售趋势的实时分析，企业能够提前预测未来的销售情况，作出精准的库存管理和资金调度决策。例如，零售企业可以通过分析节假日的消费趋势和特定季节的需求变化，优化库存和促销活动，从而减少销售成本并提高产品的销售毛利。

第二节　大数据对财务决策的影响

一、基于数据分析的决策支持系统

（一）数据驱动的决策模式

在传统的财务决策过程中，决策者通常依赖财务报表和历史业绩进行分析，这些数据的本质是静态和滞后的。传统财务报表虽然能够提供对过去经营情况的总结，但无法快速响应市场环境、消费者行为和竞争环境的转变。特别是在面临动态市场需求、复杂的供应链管理、快速的产品更新迭代等挑战时，单纯依赖历史数据的决策方式已经无法有效支撑企业的快速反应和战略调整。

随着大数据技术的引入，企业开始转向数据驱动的决策模式。数据驱动的决策支持系统（DSS）通过整合来自多个来源的数据，包括市场数据、客户行为数据、销售数据、库存数据、供应链信息等，实时为管理者提供关于企业经营状况、外部市场环境、客户需求变化等方面的全景视图。DSS系统能够通过对这些数据的实时分析，识别出潜在的市场机会和运营风险，为决策者提供更加精准、及时的决策建议。例如，在传统财务管理模式下企业的财务决策多依赖月度或季度财务报表，虽然能够反映过去一段时间内的财务状况，但无法快速适应资金流动、成本控制、投资决策等方面的实时变化。而基于数据分析的DSS系统能够实时监控企业的资产负债状况、现金流量、利润率等关键财务指标，并根据当前数据及时调整战略决策。这不仅提高了财务决策的科学性和及时性，也增强了企业在市场竞争中的灵活性和应变能力。更为重要的是，数据驱动的决策模式能够消除传统决策模式中信息不对称的问题。在传统的决策模式中，决策者往往依赖各部门提供的数据，这些数据通常存在滞后、孤立和不完全的问题。而数据分析驱动的决策模式使所有相关数据都可以通过统一的平台进行整合，提供实时和全面的数据支持，确保决策者获得最新、最完整的信息，从而作出更加精准的决策。

（二）模型预测与优化

基于数据分析的DSS不仅可以实时提供数据，还能够通过建立预测模型，帮助企业预测未来的财务状况、市场趋势、消费者需求等。这些预测模型利用先进的统计学、机器学习和人工智能技术，能够深入分析历史数据并识别其中的模式和趋势，从而提供对未来事件的准确预测。企业可以通过这些模型预测未来的市场波动、产品需求、资金流动等，并据此优化决策，提升企业的预见性和抗风险能力。

1. 时间序列分析

在财务决策中，时间序列分析被广泛应用于销售预测、资金流动分析、现金流预测等多个领域。通过分析过去一段时间内的销售数据、消费趋势、原材料价格变动等因素，企业能够识别出数据背后的长期趋势和周期性波动，从而预测未来一段时间内的表现。在零售行业，时间序列分析通过历史销售数据和季节性变化，能够预测未来的销售收入。例如，分析过去几年的节假日销售数据，可以帮助企业预测未来的节日需求，从而提前做好库存规划和促销活动安排。通过时间序列模型，企业能够根据历史的消费者购买行为、市场趋势等因素，精准预测未来的销售量，从而为预算编制、资源分配和生产计划提供数据支持。在企业的财务管理中，时间序列分析可以用于资金流动和现金流的预测，帮助企业掌握未来的资金需求和运营现金流。通过对过去一段时间内的资金进出数据的分析，企业可以识别出资金流动的模式，预测未来的资金短缺或盈余。这对于优化资金调度、融资安排、应收账款管理等方面至关重要。例如，基于历史数据，企业能够预测到某些时段的资金短缺问题，提前安排融资或调整支付计划，避免因资金问题而影响日常运营。时间序列分析不仅有助于识别长期趋势，还能够分析短期波动。在财务管理中，企业可以通过对关键财务指标（如收入、支出、成本等）的时间序列分析，预测长期的财务增长趋势，同时还能够识别出短期内可能的波动。例如，通过对过去几个月的利润波动进行分析，企业可以预测未来几个月的利润波动趋势，从而及时调整经营策略，确保盈利能力不受影响。

2. 回归分析

回归分析是一种用于揭示不同变量之间关系的统计分析方法。在企业的财务决策中，回归分析可以帮助企业预测某一财务变量与其他相关变量之间的关系，并通过建立数学模型来分析和预测未来的变化。例如，企业可以使用回归分析来研究广告支出与销售额之间的关系，或者研究生产成本与产量之间的关联。通过回归分析，企业能够明确哪些因素对财务状况产生重大影响，并据此作出优化决策。通过回归分析，企业可以量化广告支出、促销活动与销售额之间的关系，帮助决策者确定最佳的营销预算和支出分配。对于零售企业而言，回归分析可以揭示特定促销活动对消费者购买行为的具体影响，帮助企业优化营销策略，提高广告投资的回报率。例如，通过分析不同广告形式、促销周期以及促销方式对销售额的影响，企业可以在未来的营销活动中作出更加精准的预算安排，确保广告投资带来最大化的回报。

在生产型企业中，回归分析可以帮助管理层识别生产成本与生产效率之间的关系。通过对历史生产数据的回归分析，企业能够量化生产环节中各类成本因素对最终生产成本的影响。例如，回归分析可以揭示原材料成本、设备维护费用、人工成本等因素与生产效率之间的关系。通过分析这些变量，企业可以识别出成本降低的潜力，并优化生产流程，从而提高生产效率、降低生产成本。

回归分析可以帮助企业优化定价策略。通过分析历史定价数据与市场需求之间的关系，企业可以预测在不同价格下消费者的购买反应。通过这种数据支持的决策，企业能够实现产品定价的科学化和市场需求的最大化。例如，在制定新产品的定价策略时，回归分析可以帮助企业根据历史销售数据、市场调研数据等多方面的因素，确定一个最合适的价格，从而实现销量的最大化。

3. 机器学习与人工智能

随着机器学习和人工智能技术的快速发展，企业能够在财务预测中引入更多维度的分析，从而提升预测的准确性和优化决策的能力。机器学习算法不仅能够处理海量数据，还能够自动从数据中提取特征，建立更加复杂和精确的预测模型。这使企业能够在复杂的市场环境中更好地理解消费者需求、市场趋势和经营风险，并据此作出更加精确和灵活的决策。通过机器学习算法，企业可以深入分析客户的购买行为、浏览记录、产品评论等多维度数据，从而预测客户需求的变化。例如，电商平台可以使用机器学习算法分析顾客的购物习惯、浏览历史以及评论反馈，预测客户未来的购买意向，并为其提供个性化的产品推荐。这不仅提高了销售转化率，也帮助企业在库存管理、定价策略、市场定位等方面作出更加精准的决策。

机器学习和人工智能能够帮助企业分析市场趋势和竞争态势。通过对社交媒体、新闻报道、消费者评论等非结构化数据的分析，企业可以洞察市场动态、了解消费者情感并预测市场未来的走向。例如，通过对社交媒体上的讨论和评论数据进行情感分析，企业可以识别出哪些产品在市场上有较高的潜力，哪些产品的市场份额可能会受到威胁。

机器学习算法能够帮助企业进行风险预测和异常检测。通过建立风险预测模型，企业可以识别潜在的财务风险、运营风险和市场风险。例如，通过分析历史的财务数据和市场数据，机器学习算法能够预测企业可能面临的资金流动问题、信用风险等，并提前发出警报。同时，机器学习还能够实时检测异常数据和潜在的欺诈行为，帮助企业及时采取防范措施，降低损失。

二、财务决策的实时性与精确性提升

（一）实时数据流与决策支持

1. 实时财务数据监控

在传统财务管理模式下，财务数据的更新往往依赖定期的财务报表。通常，企业每月、每季度或每年发布财务报表，记录并总结上一时期的财务状况。然而，这种周期性的更新方式存在明显的滞后性，导致管理者只能基于过时的数据作出决策。这种做法在快速发展的市场环境中显得力不从心，尤其当企业面临需要迅速响应的突发事件时，依赖历史数据的决策方式常常错失最佳时机。例如，市场的需求发生变化时，传统财务管理模式下的财务报告并不能及时反映出新的收入趋势或成本波动，从而影响企业应对市场变化的决策。

而引入大数据技术后，企业能够利用企业资源规划系统、实时监控平台等工具，实现对财务数据的实时更新和监控。通过集成的数据系统，管理者能够随时了解资金流动、收入支出、盈利情况等关键财务指标，从而作出更具时效性的决策。实时财务数据流使企业可以在财务状况出现问题时（如资金短缺或超支）第一时间采取措施。例如，当企业监控到现金流量的下降趋势时，管理者可以迅速采取调整投资计划、优化运营成本或启动融资程序等应对措施，避免资金链断裂的风险。企业能够在出现资金压力之前及时调整策略，从而有效规避财务危机。

实时财务数据流的优势不仅体现在信息的及时获取上，还能够为决策者提供持续、动态的监控反馈。这意味着管理者不再需要等待传统周期性报表的汇总，就可以随时掌握企业当前的财务状况，这种信息的实时性使决策更为精准和高效。大数据技术还能够帮助管理者通过设定关键绩效指标（KPI）进行监控，确保企业的财务资源得到有效利用，从而支持企业的战略目标和运营优化。

2. 异常波动检测与及时反应

传统财务管理模式通常无法及时发现财务数据中潜在的问题，很多时候企业是在数据已经偏离预定目标后才意识到需要作出调整。无论是收入波动、支出超预算，还是突发的市场变化，传统财务管理模式中的滞后报告常常导致企业错过调整的最佳时机。

借助大数据技术，企业能够通过建立一套综合的数据监控系统，实现对财务数据的实时跟踪。基于大数据分析，企业可以设置多维度的监控指标，并根据这些指标的变化实时识别出财务异常。例如，当某项支出超过预设预算、某项收入比预期减少时，系统能够立即发出警报，提醒管理层及时关注并进行调整。通过对过去数据的积累和分析，系统不仅能监控到现有的异常波动，还能够基于趋势分析预测未来可能出现的波动，为决策者提供前瞻性的风险预警。这种实时反馈机制帮助企业快速应对市场变化并作出相应调整。例如，如果企业监控到原材料成本的异常上升，系统会自动警告采购部门，并建议采取调整采购计划或寻找替代品的措施。企业通过数据驱动的方式，能够有效避免因信息延迟而导致的财务决策失误，减少不必要的支出和资源浪费。对于运营成本较高的企业来说，实时波动监控能够帮助优化支出，确保资金的有效流动和投资回报最大化。异常波动检测还能够通过分析市场数据、供应链数据等外部信息，结合财务数据进行更广泛的分析。例如，企业可以通过对原材料价格波动的预测和供应商交货周期的监控，提前预判未来的成本波动，并调整采购预算。大数据技术的强大处理能力让企业能够在复杂多变的市场环境中及时识别潜在问题，从而提高整体运营效率。

结合财务数据与市场数据的实时监控使企业能够更具动态性和灵活性地进行资源配置。通过对关键财务指标的实时监控，企业不仅能及时识别问题，还能根据数据趋势作出优化调整，避免损失，提升决策的精确度。大数据不仅让企业决策更加灵活，也为其提供了强大的预测和异常监测支持，增强了企业在市场中的竞争力。

（二）精准的财务预测与规划

1. 基于历史数据的财务预测

在传统的财务预测中，企业主要依赖历史数据，如过去的销售收入、成本支出、利润率等，来推算未来的财务状况。这种方法简单直观，能为企业提供一定的参考框架。然而，历史数据的局限性在于它只反映了过去的情况，无法充分考虑外部市场、政策变化、行业趋势等因素的影响。因此，基于历史数据的财务预测往往忽视了动态的市场环境和突发事件，导致预测结果的准确性和可靠性降低。

大数据技术的引入打破了这一局限，使企业能够在财务预测中融入更多的外部变量和实时数据。例如，企业可以通过分析历史销售数据与当前市场趋势的结合，预测未来几个月的销售收入。同时，通过对供应链数据的深度分析，企业可以预见到原材料成本的波动，提前调整采购预算。通过对不同市场情境的模拟，企业能够优化资金配置、生产计划以及库存管理，确保资源的合理调配。例如，零售企业可以通过分析消费者的购买行为、季节性需求等因素，预测未来的销售收入，并基于此制订生产和库存计划，从而避免出现库存积压或产品短缺的情况。结合行业趋势和竞争对手的动态，企业还可以更精准地预测市场份额变化、收入增长和成本波动，从而提前作出调整，规避潜在风险。历史数据虽然能为预测提供基础，但通过实时数据分析与外部因素结合，能够大大提高预测的精准度和有效性。

2. 实时数据与外部环境的综合预测

与传统财务预测主要依赖历史数据不同，基于大数据技术的预测模型能够结合实时数据与外部环境信息，进行更为全面和多维度的财务预测。这种预测方法的最大优势在于能够实时响应市场变化、消费趋势和经济波动，确保企业在动态环境中保持竞争力。通过对多源数据的整合，企业不仅能够了解过去发生的情况，还能够即时掌握市场的最新变化，从而作出更加灵活的财务决策。例如，在零售行业，通过分析消费者的在线购物行为、社交媒体的消费者反馈、气候变化等因素，企业可以预测特定季节或促销活动中的销售需求波动。这样，企业不仅可以提前调整库存和生产计划，还可以优化定价策略和广告投放计划，提高销售效益。同样，制造企业通过对原材料价格波动、供应链效率、运输成本等多方数据的分析，可以实时调整采购预算和生产预算，避免出现资源浪费和资金短缺的现象。企业还可以通过结合全球经济走势、行业发展、政策变化等宏观经济数据，预测未来的市场需求和成本波动。例如，跨国企业可以根据不同国家的经济形势、政策变化及贸易形势，预测不同地区的产品需求和运营成本，从而调整国际业务的财务预算。这种综合数据预测的方式，极大提高了企业的财务决策水平，使其能够应对更加复杂的市场挑战。综上，大数据模型能够实时将多方因素进行关联分析，预测和调整财务预算、销售策略、生产计划等关键决策，确保企业能够灵活应对不断变化的市场环境。

3. 机器学习与预测模型

机器学习和人工智能技术在大数据财务预测中的应用，极大地提升了预测的精准度和动态性。与传统的回归分析和时间序列分析不同，机器学习算法通过对大量历史数据和实时数据的不断学习，能够发现潜在的模式和趋势，从而为未来的财务状况提供更加精准的预测。这些算法能够考虑更多维度的数据，如客户行为、市场情绪、宏观经济变化等，从而实现更加个性化和定制化的预测模型。例如，电商平台可以利用机器学习算法，通过分析消费者的浏览习惯、购买行为、季节性趋势等，预测未来一段时间内的销售额、用户增长等指标。这些预测不仅帮助企业制定合理的销售预算，还能够优化广告投放策略，确保广告预算得到最有效的利用。同时，机器学习技术能够对不同市场环境下的预测结果进行模拟，帮助企业制定更加灵活的应对策略。

机器学习的优势还体现在其自我优化能力。传统的财务预测模型一旦建立，往往需要手动调整和更新，而机器学习算法能够通过不断地输入新数据，自动优化预测模型，调整预测参数，提高预测的精度。通过这种不断学习和自我优化的过程，企业能够始终保持在预测的前沿，减少预测误差，确保财务决策的高效性和准确性。机器学习算法还能够发现传统分析方法无法捕捉的复杂关系。例如，某些促销活动对销售额的影响可能无法通过简单的回归分析得到准确预测，但通过机器学习，算法可以根据历史数据中潜在的关联性，预测不同促销策略对销售业绩的具体影响，从而帮助企业作出更加科学和精准的营销决策。

第三节　大数据在预算管理中的创新

一、预算编制的精准化与灵活性

（一）多维度数据支持预算编制

1. 综合考虑多个数据源

大数据技术的应用使企业可以综合考虑来自不同渠道和多个数据源的信息，从而构建出更为全面、准确的预算模型。传统预算编制依赖销售数据、库存数据和历史财务数据，而大数据技术则能够通过融合外部和内部的多元数据，提高预算编制的准确性。例如，零售行业企业通常根据历史销售数据、市场调查结果和季节性需求变化来制定销售预算。然而，随着大数据技术的发展，企业可以利用更加多样化的实时数据源来改进预算编制。消费者的购买行为、社交媒体上的反馈、天气预报、节假日的消费模式等，都是可以实时收集并纳入分析的数据。通过对这些多元数据进行分析，企业可以更精确地预测未来几个月的销售收入，避免因仅依赖历史数据而造成的预算偏差。例如，零售商可以通过分析社交媒体上的消费者评论和购买趋势，提前识别某一产品的热销潜力，从而调整库存和采购预算。这些实时和多维的数据源提供了更加全面的市场视角，使预算编制更加科学且灵活，能够应对市场动态变化。此外，企业还可以结合地理信息数据、交通流量数据等，进一步优化其销售预算和配送预算。

2. 动态监控市场变化与消费者需求

传统预算编制通常依赖上一周期的销售数据和固定的业务预期，但这种方式在动态的市场环境中往往显得滞后。市场需求和消费者偏好的变化十分迅速，尤其在竞争激烈和科技快速发展的今天，企业往往难以通过静态的预算编制来应对这些变化。而大数据技术能够帮助企业实时监控市场动态和消费者需求，从而实现更加灵活和及时的预算调整。

大数据技术通过集成各种实时数据，如来自电商平台的销售数据、社交媒体的消费者反馈、品牌舆情、市场调研结果等，能够快速捕捉到市场变化的信号。企业通过分析这些数据，能够及时发现消费者需求的变化，并根据实际情况动态调整预算。例如，零售企业可以通过实时监控电商平台上的销售数据，识别某一产品的热销趋势，从而调整采购和库存预算。而在传统财务管理模式下，这类调整往往依赖周期性的财务报表和销售数据，决策滞后，无法及时抓住市场机会。

社交媒体和消费者反馈的实时数据为企业提供了更加灵活的预算调整依据。企业可以通过社交媒体监控工具，实时分析品牌口碑、产品评论和消费者的购买反馈，识别出潜在的市场变化和消费者需求的变化趋势。例如，当某款新产品在社交媒体上获得大量正面评价时，企业可以迅速反应，调整销售预算并加大推广投入，确保产品的供应和销售活动的顺利进行。通过这种动态调整机制，企业不仅能够更精确地预测市场需求，还能够对外部变化作出及时反应，提高财务资源配置的灵活性和精准度。

3. 结合行业趋势和宏观经济环境

预算编制不仅依赖企业自身的数据，还需要结合行业趋势和宏观经济环境。传统的预算方式往往忽视了这些外部因素，容易导致预算编制的局限性和短视性。而大数据技术的引入，使企业能够全面整合行业和宏观经济的相关信息，从而更好地预测未来的成本波动、市场需求变化等关键因素，优化预算编制。

行业数据和宏观经济因素对企业的财务状况有着深远的影响，尤其是在全球化竞争加剧和市场动荡的背景下，外部因素变得尤为重要。例如，全球经济下行时，原材料价格可能上涨，供应链中断风险增大，消费者的购买力可能下降。大数据技术使企业能够实时收集和分析这些宏观经济指标以及行业动态，提前对预算进行调整。例如，企业可以通过对全球经济形势、政策变化和行业趋势的分析，预测原材料采购成本和运输成本的波动，并根据这些变化调整采购预算和生产预算。在疫情或经济危机等特殊时期，企业可以通过大数据分析对消费者的行为变化、市场需求下降等进行预测，优化产品的定价策略、库存水平和采购计划，确保预算的执行更加符合实际的市场需求。通过整合宏观经济数据、行业趋势、政策变化等信息，企业能够预测外部环境对财务状况的影响，及时调整预算，确保企业财务管理的健康和高效运作。例如，某些行业可能受到季节性需求波动的影响，而通过大数据分析，企业能够预测特定季节的需求高峰并提前做好预算调整，从而确保在需求旺季时有足够的库存和生产能力来满足市场需求。

（二）灵活的预算调整机制

1. 实时反馈与预算调整

传统的预算管理往往依赖周期性报表来反映预算执行的情况，这种方式导致预算调整滞后，往往错过了市场快速变化的最佳时机。而大数据技术使企业可以实现实时反馈，实时监控预算执行的状态，从而快速识别出预算执行中的偏差。实时反馈机制可以帮助企业对预算偏差作出及时反应，确保预算能够与实际情况相匹配。例如，零售企业在销售过程中通过大数据实时分析顾客的购买行为、市场需求变化以及促销活动效果，能够及时发现某一产品的需求量超出预期，进而调整库存预算和采购计划，避免由于库存短缺或过剩而造成的资源浪费。同样，财务部门能够通过实时监控销售收入、支出、现金流等关键财务指标，及时发现预算超支或资金链紧张的问题，并在第一时间进行调整。这样，企业能够更加精准地把控预算，优化资源配置，避免资金浪费。实时数据监控还可以帮助企业发现潜在的风险。例如，当企业的某项支出偏离预算时，财务人员可以通过实时反馈机制发现异常支出，并及时调整支出计划，从而减少不必要的费用支出和避免预算超支。与传统的周期性预算调整不同，实时反馈机制可以使企业的预算管理更加敏捷、精准，能够更好地适应快速变化的市场环境。

2. 动态调整与资源优化

传统预算管理的最大局限性在于其静态性，预算一旦制定往往难以调整，而市场和企业运营的变化却常常需要预算的灵活性。大数据技术的引入为预算管理带来了巨大的灵活性。企业能够根据实时的数据流，快速响应市场需求的变化，并根据实际情况调整预算。通过对实时数据的分析，企业可以根据市场变化及时调整各类预算，避免在市场变化的过程中出现资源浪费或资金短缺。例如，在零售行业，企业可以利用大数据技术对季节性需求变化、促销效果、客户购买行为等进行实时监测，从而及时调整销售预算和市场营销预算。如果市场进入淡季，销售量降低，企业可以基于大数据分析结果减少营销预算和促销费用的支出，从而避免不必要的资金浪费。而当市场进入旺季时，需求激增，企业可以根据大数据分析结果及时增加采购预算和生产预算，以确保充足的库存供应和生产能力，避免因供应不足而错失市场机会。企业还可以通过大数据分析优化资源配置。例如，在供应链管理中，企业可以通过对供应商交货期、生产能力、库存水平等数据的实时监控，及时调整采购预算，减少库存积压和资金占用。同时，企业也可以根据销售预测和市场需求变化，动态调整库存预算和资金调度，从而提高资源的使用效率。

3. 应对突发事件的快速反应

在当今复杂的商业环境中，突发事件和市场变化的速度越来越快。例如，自然灾害、政策变化等突发因素，都可能对企业的财务状况和运营计划造成极大影响。传统的预算管理通常缺乏应对这些突发事件的能力，因为其依赖的静态预算设定往往未能考虑这些外部变动。而大数据技术的应用能够帮助企业更快速地应对突发事件，及时调整预算以应对新的市场条件。例如，在遭遇疫情等突发事件时，许多企业面临供应链中断、需求下降、市场不确定性增加等问题。传统预算体系通常无法及时调整，可能导致库存积压、资金链紧张等问题。而大数据驱动的预算管理系统能够实时监控市场需求变化、消费者行为和供应链状况，当企业发现突发事件导致的需求波动时，可以立即根据大数据反馈调整生产计划、采购预算和库存预算，以应对突发事件带来的影响。此外，政策变化、政府补贴等因素也可以通过大数据分析及时反映在预算管理中。例如，政府出台新的财政刺激政策，企业可以通过实时跟踪政策变化，快速调整预算中的投资计划、资金使用安排等，确保资源的最优配置。通过实时监控和调整，企业能够及时识别财务风险，优化预算执行，从而避免财务危机的发生。

二、大数据与预算预测模型的结合

（一）基于大数据的预测模型构建

1. 多源数据的整合与预测模型构建

大数据技术的核心优势之一在于其能够从不同来源收集海量多维度的信息，

并将其整合与分析，进而为企业提供全面的视角。企业的财务决策和预算编制通常依赖历史财务数据，但这类数据无法完全捕捉到市场变化、消费者需求波动、全球经济走势等外部因素的影响。而大数据技术使企业可以通过集成多源数据，从多个维度进行分析，并基于多种变量进行财务预测。这种整合数据的能力，不仅帮助企业识别潜在的风险，也提升了财务预测的准确性和前瞻性。

企业在进行财务预测时，通常面临着多样化的数据需求，这些数据既包括企业内部数据，也包括外部的市场信息。例如，在零售行业，企业可以通过分析消费者的购买历史、社交媒体反馈、季节性销售波动以及行业趋势等多维度的数据，建立精准的销售预测模型。通过大数据分析，企业能够从各个角度实时掌握市场动态，不是依赖过去的销售数据，而是综合考虑影响销售的各种因素，如消费者的情绪波动、竞争对手的定价策略甚至天气变化等。这些因素的综合考虑，使企业能够动态调整预算，作出更加精准的财务决策。结合市场情境、消费者行为、社会政治环境等多重变量，企业能够构建更加复杂的预测模型。例如，回归分析模型、时间序列分析模型或者机器学习模型帮助企业预测未来的收入、支出、现金流等关键财务数据。这些模型不仅能帮助企业识别过去和当前的趋势，还能够根据外部市场的变化，及时进行动态调整。

2. 预测模型的精度与动态优化

传统的预算和财务预测往往依赖静态的历史数据分析，然而这种方法面临着市场变化迅速、需求波动大的现实问题。在快速变化的市场环境下，传统的财务预测方法往往无法及时响应这些变化，导致预算的偏差。基于大数据的预测模型能够弥补这些不足，通过实时调整和优化预测结果，提高预算编制的灵活性和准确性。

大数据技术能够实时收集和分析多源数据，结合最新的市场需求、消费者行为、竞争对手动态等因素，对企业的财务状况进行持续监控和预测。这种预测方式使企业能够对财务数据进行动态优化，而不只是停留在传统的“静态”分析层面。例如，销售收入的变化往往与市场的季节性需求波动、消费者的购买行为、广告投放的效果等多个因素密切相关。通过大数据分析，企业可以实时捕捉这些因素的变化趋势，从而动态调整销售预测，并相应调整预算中的采购、库存和营销支出等项目。

在实施动态优化时，企业通过大数据预测模型能够根据实时数据流对预算执行中的偏差进行及时调整。例如，在市场需求剧烈变化时，预测模型能够自动识别需求波动并调整销售预算、生产预算以及供应链预算。对于生产型企业来说，通过实时监控原材料的价格波动、生产进度和库存数据，企业可以根据这些信息动态优化生产计划，避免生产过剩或资源短缺的情况。大数据技术的实时性和灵活性，使预测模型能够及时调整预算，避免企业的财务管理受到不必要的风险和浪费。此外，基于大数据的动态优化不仅限于对数据的简单调整，更是通过模拟不同的市场情境进行决策支持。企业能够基于实时数据流进行决策预测，通过调整各类参数，模拟不同的财务情境，从而提高预算编制的灵活性和应对能力。

3. 应用机器学习与人工智能技术进行预测

随着机器学习和人工智能技术的引入，预测模型不再依赖传统的回归分析等统计学方法，而是通过复杂的算法来进行多维度、多变量的预测。机器学习技术特别是深度学习和神经网络算法，能够深入分析海量的历史数据、实时数据和外部数据，识别出其中的潜在规律和趋势，从而帮助企业在竞争激烈的市场中作出更加精准的预测。

机器学习的应用使企业能够突破传统统计学模型的限制，自动从数据中提取有价值的信息，并根据历史数据和实时信息持续优化预测模型。例如，在零售行业，企业可以通过分析顾客的购买行为、社交媒体上的讨论、节假日的消费趋势等多个变量，使用机器学习算法预测未来的销售量和消费者需求。这些预测不仅能够提高销售预算的准确性，还能帮助企业根据预测结果调整库存和生产计划，确保资金和资源得到最佳配置。人工智能技术创能够自我学习和优化预测模型，使预测结果越来越精准。通过持续的训练和优化，机器学习模型能够处理更加复杂的非线性数据和多维度的信息。企业可以将历史数据与实时数据结合，使用强化学习等方法不断调整和优化预测模型的参数，提高模型预测未来财务需求的精确度。这种基于人工智能的预测方法能够自动调整预测模型的权重和参数，确保企业能够适应市场的快速变化，作出更有效的财务决策。

例如，电商平台可以利用机器学习算法对消费者的购买历史、浏览习惯、社交媒体的情绪波动等信息进行分析，从而预测未来几个月的销售额、用户增长率和潜在的市场需求。基于这些预测，企业可以调整广告预算、促销策略，并优化库存管理。机器学习算法的应用不仅提高了预测的准确性，还为企业提供了智能化的决策支持，帮助企业应对复杂的市场环境和不确定的经济形势。

（二）增强预算执行的精确性

1. 实时数据监控与预算偏差调整

传统的预算管理往往依赖定期生成的财务报表来评估预算的执行情况，而这些报表通常滞后于实际运营，无法及时反映出预算执行中的问题。大数据技术使预算执行过程中的实时数据监控成为可能。通过将预算执行过程中的实际数据与预测模型相结合，企业能够实时识别预算与实际支出之间的偏差，并根据数据反馈快速作出调整。例如，企业在进行销售预算和采购预算时，通过实时监控销售数据、库存数据和采购数据，能够及时发现预算中的差异。当发现某一类商品的销售额远高于预期时，企业可以根据实时数据增加采购预算和生产预算，以满足需求增长。而当实际销售额低于预期时，企业可以通过调整预算和资源配置来减少不必要的采购支出，从而降低库存成本和资金占用。

2. 预算执行中的风险识别与应对

大数据技术不仅能够提供实时的预算执行数据，还能够帮助企业识别潜在的财务风险。通过对历史数据的积累和趋势分析，企业能够发现预算中可能出现的风险点，并在预算执行前或执行中作出预警。例如，企业可以通过分析市场波动、供应链问题、竞争对手的动态等因素，预测成本上涨的风险，进而在预算中为这些风险留出足够的缓冲空间。同时，大数据技术还能够帮助企业识别预算执行过程中的潜在问题。例如，当企业发现某项支出超出预算时，预测模型能够根据历史数据分析支出模式，并自动提出调整建议，从而避免过度支出。此外，企业还可以利用大数据技术分析资金流动状况，实时监控资金缺口和现金流状况，并在预算执行过程中提前作出调整，确保资金的有效利用。

3. 动态优化与实时调整

大数据驱动的预算管理体系使预算调整不再是周期性的，而是实时的、动态的。企业可以根据实时数据和市场变化，随时调整预算中的资金分配。例如，当市场需求急剧波动时，企业可以通过实时数据分析快速调整生产计划、库存计划和资金调度，避免因预算滞后而导致的资源浪费或资金短缺。例如，在制造业中，企业可以根据实时的原材料价格波动和生产效率数据，及时调整采购预算和生产预算，确保生产计划的顺利进行；而在零售业中，企业可以基于销售预测和消费者需求的变化，动态调整广告预算和促销费用，从而确保营销资源的高效配置。大数据技术使预算管理更加灵活、精准，并能够应对复杂的市场变化和突发事件。

第五章　大数据驱动下的财务分析与预测

第一节　财务分析的传统方法与问题

一、传统财务分析方法概述

（一）比率分析

1. 流动比率与速动比率

流动比率是衡量企业短期偿债能力的一个基本财务指标。其计算公式为流动资产除以流动负债。流动资产指的是可以在一年内或一个营业周期内变现或使用的资产，主要包括现金、应收账款、存货等。流动负债是指企业需要在一年或一个营业周期内偿还的债务，如短期借款、应付账款等。流动比率是评估企业短期偿债能力的基础，反映了企业的流动性和短期偿债能力。一般来说，流动比率大于 1 表示企业拥有足够的短期资产来偿还其短期负债，能够维持日常运营和资金流动。如果流动比率小于 1，则表示企业的流动性不足，可能面临偿还短期债务的困难，容易引发资金链断裂的风险。然而，流动比率过高并不一定是好事，因为过多的流动资产可能意味着企业没有充分利用这些资产进行更有效的投资或是企业存在过多的应收账款和库存，反映出企业的资产管理效率不高。因此，流动比率需要结合具体行业的特点和企业的实际运营情况来进行分析。

速动比率是更为严格的短期偿债能力指标，它通过排除存货，计算企业可以迅速变现的资产与短期负债之间的比例，计算公式为速动资产除以流动负债。速动资产通常包括现金、应收账款和短期投资等，而不包括存货，因为存货在短期内的变现可能存在不确定性。速动比率的计算排除了存货的影响，使它能更真实地反映企业在极端情况下的短期偿债能力。例如，在市场不稳定或资金紧张的情况下，企业可能无法及时出售存货变现，因此速动比率提供了比流动比率更为保守和准确的偿债能力评估。速动比率的理想值通常为 1 或略高于 1，这意味着企业不仅能偿还流动负债，还能保持运营流动性。若速动比率远低于 1，则表明企业面临较大的流动性风险，短期内可能无法覆盖短期负债。相反，速动比率过高可能意味着企业的流动资产过剩，未能有效利用这些资源进行盈利增长。

2. 资产负债率

资产负债率是反映企业资本结构和负债风险的重要指标。其计算公式为总负债除以总资产。该公式揭示了企业的资产有多少比例来源于负债，反映了企业的债务负担和财务杠杆效应。资产负债率高说明企业的负债较多，资本结构中更多依赖外部资金，负债压力较大，偿债风险也相应提高。反之，较低的资产负债率表明企业的资金来源较为稳健，资本结构更为保守，财务风险较小。

资产负债率的合理范围取决于行业特性和企业的具体情况。例如，资本密集型行业如重工业、基础设施建设等通常具有较高的资产负债率，因为这类企业需要大量的资本投入，而融资主要依赖负债。相反，技术型公司或服务型企业的资产负债率通常较低，因为它们的资产结构主要由无形资产或少量固定资产组成，负债占比较少。企业可以通过分析资产负债率与行业平均水平的差异，评估自身的财务杠杆水平和风险状况。然而，资产负债率过高可能引发偿债困难，增加融资成本，并限制企业的运营灵活性，尤其是在经济下行或市场波动时。因此，企业应根据自身的融资需求和行业特点，合理调整资本结构，平衡债务融资和股东权益之间的比例。

3. 毛利率

毛利率是评估企业盈利能力的核心指标之一。其计算公式为毛利润除以销售收入，即毛利率 =（销售收入 - 销售成本）/ 销售收入。毛利润是企业在销售产品或服务后，扣除直接成本（如生产成本、原材料费用、人工成本等）后的收入。毛利率反映了企业从销售中获得的盈利水平，较高的毛利率意味着企业能够在成本控制上占据优势，从而获得更高的利润空间。毛利率的高低直接影响到企业的盈利能力和市场竞争力。企业可以通过提高定价、降低成本或优化产品结构等方式提升毛利率。

较高的毛利率表明企业具备较强的定价能力和较好的市场竞争力，能够在激烈的市场竞争中获取较高的利润。较低的毛利率可能意味着企业在成本控制方面存在问题或者其产品定价存在较大压力，可能面临较低的市场占有率或激烈的价格竞争。因此，毛利率是投资者和管理者评估企业经营健康状况的重要指标之一。

毛利率能够为企业提供成本管控方面的有效信息。例如，毛利率的下降可能是由于原材料成本上涨、生产效率降低或市场竞争加剧所致。企业需要通过深入分析毛利率变化的原因，采取相应的策略进行调整，如改善生产工艺、降低原材料采购成本、优化产品定价等。

（二）趋势分析

1. 收入与利润趋势分析

收入与利润趋势分析是通过对企业在一段时间内的收入与利润数据进行纵向对比，帮助管理层发现业务增长的稳定性和持续性。收入与利润的增长趋势往往反映了企业市场占有率的提升、产品和服务的竞争力增强以及整体经营状况的好转。持续增长的收入与利润通常表明企业在市场上的地位稳固，品牌效应增强，产品需求增大，经营策略得当，盈利能力持续上升。收入与利润的下降趋势则可能意味着企业面临市场饱和、产品生命周期接近尾声或行业竞争加剧等问题。如果企业的收入与利润出现持续下滑，管理层需要及时采取措施，分析原因并进行调整。这些原因可能包括产品价格的下降、销售渠道的萎缩、市场需求的减少或成本控制不力等。通过对收入与利润趋势的分析，企业能够识别潜在的市场机会和经营瓶颈，及时调整战略方向，如开拓新的市场、推出新产品或优化现有产品的销售策略。

收入与利润趋势分析能够帮助企业明确其盈利模式的健康状况，评估其战略决策的效果。例如，如果收入增长但利润下降，则可能意味着企业的运营效率降低，管理层需重新评估成本控制和定价策略。如果收入和利润均增长，则表明企业的战略是成功的，应该保持或进一步强化相关措施。此外，收入与利润趋势分析还可以通过对历史数据的比对，预测未来的业绩走势，为预算编制和资源分配提供依据。

2. 成本与支出趋势分析

成本与支出趋势分析是企业通过跟踪成本和支出的长期变化趋势，识别成本上升的原因，并发现成本控制的薄弱环节。在企业运营中，成本控制直接影响盈利水平和企业的长期生存能力。通过对成本与支出趋势的分析，企业能够识别哪些环节或部门的成本增长过快，是否存在资源浪费或效率低下的现象，进而采取措施进行优化。

成本与支出的增长可能有多种原因，如原材料价格上涨、人工成本增加、生产效率低下或采购管理不善等。对这些因素的趋势分析可以帮助企业及时发现经营中的薄弱环节，进而采取适当的应对策略。例如，若原材料采购成本持续上涨，而收入增长未能同步，企业可能面临毛利率下降的风险。这时，管理层可以考虑通过优化供应链、调整采购策略、引入替代品或提高产品附加值来控制成本。

在支出方面，如果管理费用、销售费用等支出增长过快，企业可能需要进行预算审查和支出优化，削减不必要的开支，提高资源的使用效率。如果企业在某些方面的支出增长过快，而收入增长未能相应提升，那么企业可能面临较大的财务压力。因此，成本与支出趋势分析不仅帮助企业识别成本失控的区域，还能为企业的决策提供依据，推动运营效率的提高。

3. 现金流趋势分析

现金流趋势分析是对企业现金流的来源与去向进行长期趋势分析，帮助管理层了解企业的资金状况与偿债能力。现金流是企业生存和发展的血液，能够决定企业的运营稳定性和融资能力。通过分析现金流的趋势，企业可以判断是否存在资金链断裂的风险，是否有足够的现金支持日常运营以及未来投资的需要。

持续的正现金流表明企业能够通过经营活动获得足够的资金，维持其日常运营和发展的需要，同时为债务偿还、股东回报和再投资提供支持。而持续的负现金流则可能意味着企业面临资金短缺的问题，可能会影响其偿债能力和经营灵活性。尤其是在经济不稳定、市场需求变化快速的环境下，负现金流的企业更加脆弱，可能面临无法按时偿还负债、支付利息或支付日常开支的风险。

现金流趋势分析有助于企业识别资金短缺的潜在风险和问题。例如，企业可以发现某些投资或资本支出导致了现金流入的不足，或是存货过多、应收账款未及时回收等问题影响了资金的流动性。企业管理层可以依据现金流趋势进行资金的调度和安排，提前规划融资和资金使用，确保经营活动不受到资金链断裂的影响。现金流趋势分析还能够为企业的融资决策提供参考。企业可以根据现金流的预测情况，及时与金融机构沟通，做好资本结构调整和融资安排，避免在资金紧张时陷入困境。通过分析现金流的来源和去向，企业能够合理规划资金的使用，确保财务稳健和可持续发展。

（三）横向与纵向分析

1. 横向分析

横向分析，或称同行比较分析，是企业财务分析中一种非常有价值的方法，它通过将企业的财务数据与同行业其他公司进行比较，评估企业的竞争力、市场地位和财务健康状况。这种分析不仅帮助企业了解自身在行业中的表现，还可以揭示出同行业最佳实践，从而为企业自身的管理优化和战略决策提供参考。通过横向分析，企业能够清晰地了解自己在市场中的相对位置。例如，如果企业的毛利率和净利润率明显低于同行业的平均水平，那么管理层就需要认真反思其定价策略、生产成本控制和销售渠道等方面的问题。横向分析的优势在于它可以快速揭示市场竞争中的不足，帮助企业及时发现差距并采取纠正措施。对于处于激烈市场竞争中的企业来说，横向分析尤为重要，它为企业提供了外部视角，帮助识别出可能被忽视的机会或威胁。此外，横向分析不仅限于财务比率的比较，还可以延伸到非财务指标的对比。例如，企业可以比较同行的市场份额、品牌认知度、客户满意度等，这些非财务指标也能提供关于企业竞争力的重要线索。通过全面的横向分析，企业可以了解到市场上的领先企业是如何在成本控制、产品定价、资源配置等方面取得成功的，这对于企业改进内部流程、提高效率至关重要。

2. 纵向分析

纵向分析，通常被称为比率分析，是对企业自身财务数据进行深入分析的一种方法。纵向分析不仅通过对比不同财务指标之间的关系来评估企业的财务状况，还能够揭示企业内部运营效率、成本结构和盈利能力的潜在问题。通过纵向分析，企业管理层可以全面了解其各个业务环节的财务表现，从而作出更有针对性的决策。

纵向分析的一个核心特点是它侧重于企业内部各个财务指标之间的关联。例如，通过分析企业的销售收入与生产成本、营销费用、管理费用等之间的关系，管理层可以识别出哪些因素对利润贡献最大，哪些环节存在浪费或低效的现象。假如销售收入与成本之间的比率逐年上升，可能表明企业在成本控制方面存在问题，管理层可以通过优化供应链、降低原材料采购成本或提高生产效率来减少开支。如果营销费用的比率持续增长，而收入的增长没有同步，这可能是企业在营销方面投入过大或营销效果不足的信号，企业需要重新审视营销策略。

纵向分析能够揭示企业内部的深层次问题，帮助管理层识别潜在的财务风险。通过对比不同时间段的财务数据，企业可以发现收入、支出、盈利等方面的趋势变化，进而采取措施调整策略。纵向分析还可以帮助企业在不同部门、不同产品线之间进行比较，识别哪些领域的财务表现优秀，哪些则需要加强。例如，企业可以通过分析不同部门的毛利率、净利润率，找出哪些部门的成本控制较差，进而将管理重点放在这些部门，提高整体经营效率。纵向分析的局限性在于，它主要依赖企业自身的财务数据，虽然能够深入了解企业的财务表现，但无法提供外部比较和市场定位的视角。因此，纵向分析应与横向分析相结合，从而综合评估企业的竞争力和市场表现。此外，纵向分析也受限于企业数据的质量和全面性，如果数据不准确或缺乏必要的对比维度，其分析结果可能会产生误导。

二、传统财务分析方法的局限性

（一）数据滞后性

传统财务分析的核心依赖财务报表，尤其是利润表、资产负债表和现金流量表等。这些报表往往是按月度、季度、年度生成，并经过多重审核和校对，具有明显的时效滞后性。尽管这些报表提供了企业运营的历史数据，但它们往往不能快速反映企业当前的市场变化、经营状况或潜在的财务风险。例如，利润表和现金流量表能够清楚地反映企业过去的收入、支出、利润等情况，但无法即刻呈现公司当前的财务健康状况。在市场需求急剧波动、生产或销售出现问题时，传统的财务报表只能在未来的报告周期内才能提供反馈，导致企业管理者难以及时采取行动。尤其在现代商业环境中，市场条件的变化瞬息万变，企业若仅依赖传统的财务报表，便无法迅速适应外部环境变化，无法实现对市场变化的及时响应和战略调整。数据滞后性还会影响企业的风险管理能力。企业若未能及时识别潜在的财务问题或危机，往往会错失最佳的解决时机。比如，库存积压、过度负债、应收账款过多等财务问题，若不能被实时监控和及时调整，将对企业现金流、盈利能力等核心指标造成严重影响。

（二）单一维度的分析

传统财务分析方法往往侧重于比率分析、财务报表分析等形式，虽然这些方法能够有效评估企业的财务健康状况，但它们的分析维度较为单一，主要集中在财务数据本身。例如，利润率、流动比率、毛利率等比率分析，往往以单一指标来评估企业的盈利能力、偿债能力等。这种单一的分析方式忽视了企业的多维度运营环境，无法为企业提供全方位的经营分析。随着企业业务和市场的不断复杂化，单一的财务分析已无法全面反映企业的经营状况。在当今的商业环境中，企业面临着越来越多的挑战，不仅包括财务上的问题，还涉及市场需求变化、供应链管理、消费者行为、技术创新等多个因素。这些因素都可能深刻影响企业的财务状况，但传统财务分析方法仅仅依赖财务数据，未能充分考虑外部和非财务因素的影响。举例来说，虽然毛利率和净利润率等财务比率可以衡量企业的盈利能力，但它们无法反映企业在创新、品牌建设、客户关系管理等方面的投入和成果，也无法揭示出市场趋势和消费者行为等因素对财务状况的影响。

（三）静态性分析

传统财务分析往往基于固定的时间周期（如月度、季度、年度）来对企业财务状况进行分析。这种静态性分析虽然可以为管理层提供一个相对清晰的财务快照，但它无法应对现代商业环境中快速变化的市场需求和运营条件。尤其在面对不确定的市场环境时，传统财务分析方法显得力不从心。例如，企业在快速增长或面临突发危机时，需要的是灵活、实时的分析工具，而传统的静态性分析往往无法适应这些快速变化的情况。在这种情况下，企业管理层很可能错过调整战略或预算的最佳时机，导致资源浪费、机会错失甚至财务风险的积累。尤其是在危机管理和市场突变时，传统财务分析方法的局限性尤为明显，管理者无法及时获得准确的经营信息，导致决策延迟。此外，企业在不同的生命周期阶段面临着不同的挑战，新兴企业通常需要更多关注资金流动、市场拓展等方面的因素，而成熟企业则可能更多关注成本控制、风险管理等问题。

（四）数据整合的困难

传统财务分析方法的一个缺陷是财务数据与其他业务数据之间缺乏有效的整合。在许多企业中，财务数据与其他部门（如销售、生产、供应链等）的数据往往是孤立的，缺乏跨部门的数据整合和共享。尤其是在数据采集和报表生成时，各部门之间的沟通和协作往往不够流畅，导致数据无法及时、准确地流转和整合。这种数据整合的困难导致企业管理层无法全面了解影响财务状况的各个因素。例如，销售数据、供应链信息、市场调研数据和客户反馈等虽然在业务运营中起着至关重要的作用，但这些数据与财务数据之间往往无法直接对接和互通。缺乏有效的数据整合，管理者往往只能依赖局部数据作出决策，从而忽视了整体运营的协调性和一致性，导致决策失误。

在现代复杂的企业环境中，数据的整合与协同显得尤为重要。传统财务分析方法未能有效解决这一问题，导致管理层在作财务决策时无法全面了解各个业务环节的影响因素，从而影响决策的科学性和精准性。因此，企业需要通过现代信息技术（如 ERP 系统、CRM 系统等）将财务数据与其他业务数据进行有效整合，提升数据的可视化和决策支持能力。

第二节　大数据技术对财务分析的提升

一、数据可视化在财务分析中的应用

（一）实时数据可视化

1. 实时监控核心财务指标

在大数据技术的支持下，企业可以通过动态的仪表盘、图表和数据可视化工具来实时监控企业的核心财务指标，如现金流、利润、负债率等。这些核心财务指标不仅能够帮助企业管理层全面掌握企业的经营状况，还能够及时提供关于财务健康和资金运转的关键洞察。

（1）现金流的实时监控。现金流是企业运营的生命线，能够及时了解现金流的流入与流出情况，对确保企业的流动性至关重要。通过实时数据可视化，企业能够监控到现金流的波动情况，如某一时段内的现金流入和支出是否平衡，是否存在现金短缺的风险。传统的财务报表可能会滞后一个月或者更久才能反映这些数据，但实时可视化能够实时呈现这些信息，帮助管理者尽早发现潜在问题。实时现金流监控能够及时反映出企业运营中的资金是否得到有效利用。例如，当企业在短期内面临大量应付款项时，现金流的监控工具能够立刻显示出资金流动的紧张状况，及时提示管理层采取应对措施，如调整支付时间表、申请临时融资等。这样，企业能够避免现金流危机，保持日常运营的正常进行。

（2）利润监控与盈利分析。实时利润监控使企业能够随时掌握盈利能力的变化。例如，企业可以实时查看销售收入、毛利、净利润等财务数据的波动情况，尤其是在面临市场需求波动时。这对于生产型企业尤其重要，因为在生产过程中，利润的波动通常直接反映了生产效率和市场需求的变化。通过对实时利润数据的可视化，企业管理者可以判断当前的盈利能力是否达到预期，是否存在成本控制的漏洞，或者销售定价是否合理。假如利润持续下滑，管理层可以通过实时数据对比分析，找到问题所在，如产品毛利率降低或生产成本上升，从而立即采取调整措施，如优化成本结构或调整销售策略。

（3）负债率监控与偿债能力。实时负债率监控可以帮助企业了解债务风险，尤其是在多变的市场环境中，能够及时了解负债的变化趋势，评估企业的偿债能力。例如，当企业的负债比率超出安全范围时，管理层可以迅速识别出可能的财务风险并采取应急措施，避免公司负债过重导致资金链断裂等问题。通过实时数据可视化，企业管理者能够更加清晰地看到短期和长期负债的占比，评估不同类型债务对公司财务结构的影响。尤其是在公司融资、借款和资本结构调整时，实时负债数据的可视化可以提供极为重要的参考依据，帮助决策者避免债务过高所带来的财务危机。

2. 异常波动的即时反馈

实时数据可视化的一个显著优势是能够及时发现企业财务状况的异常波动，快速反馈潜在的风险。企业的财务数据在快速变化的市场环境中可能会频繁出现异常波动，这时，实时数据可视化工具能够快速识别并提醒管理层采取应对措施，从而避免潜在的风险蔓延。

（1）支出超预算的即时反馈。支出和预算是财务管理中的核心要素，实时数据可视化能够将预算与实际支出的差异实时展示给管理层。举例来说，若某一部门的支出超出了原定预算，企业的实时数据仪表盘会立即显示出这一异常波动，并标明具体的超支项目。通过这种方式，管理层能够及时发现预算偏差，避免资源浪费或不必要的开支。例如，如果销售部门的市场推广费用急剧上涨，实时可视化的仪表盘能够提醒管理层出现的异常波动，进而分析超预算的原因，如市场推广活动效果不佳、计划外的促销活动等。基于实时数据，管理层可以作出决策，如调整支出计划，寻找成本控制方案等。

（2）收入大幅下降的即时警示。企业的收入下降是一个需要引起重视的财务波动。通过实时收入数据的可视化，管理层能够在最短的时间内看到销售收入的急剧下降或季节性波动，从而及时采取补救措施。例如，在某个关键销售季中，如果销售收入低于预期，管理层可以通过数据反馈立即查找原因，如客户需求下降、市场推广不足、竞争对手的影响等因素。利用实时数据可视化工具，企业能够早期识别销售收入的异常波动，确保销售策略及时调整或快速启动促销活动，以恢复收入增长和市场份额。

（3）资金链风险的即时发现。资金链是企业运营的核心，实时资金流的数据可视化能够帮助企业及时识别资金链上的风险。当资金流动异常时，实时数据可视化工具能够清晰地显示资金来源、去向以及潜在的流动性问题。例如，当应收账款增加或供应商付款延迟时，企业的现金流和资金链可能面临压力，实时反馈可以帮助企业及时采取行动，避免出现资金短缺的风险。

3. 灵活调整财务策略

实时数据可视化不仅帮助企业及时识别财务风险，还能够为企业提供决策支持，帮助管理层灵活调整财务策略。通过实时获取和分析财务数据，管理层可以快速响应市场变化，优化资源配置和调整业务战略，确保企业的财务目标和运营目标的实现。

（1）动态调整资金流动计划。在企业面临资金短缺时，实时数据可视化能够帮助企业快速识别资金状况，并作出及时的资金调度。例如，企业可以根据实时现金流情况，判断是否需要调整资金的支出计划或者考虑暂时延迟某些非紧急的投资项目，确保资金流动的稳定性。通过实时数据，企业还可以判断是否需要寻找外部融资或者通过内部优化资金分配提高资金的使用效率。例如，企业管理者可以通过可视化工具即时获取融资需求的变化数据，选择合适的融资时机，减少资金成本，确保运营所需的资金稳定。

（2）优化支出结构与预算调整。通过实时支出的数据可视化，企业可以随时评估不同部门、项目或产品线的成本效益。当某一部分的支出超出预期时，管理层可以立即调整预算，优化资源配置。这种实时反馈可帮助企业避免浪费，并确保资金的高效利用。例如，如果发现生产部门的成本持续超预算，管理层可以迅速调整生产计划，优化采购环节或者调整生产流程，减少不必要的支出。这样，企业能够最大化地提高资金的使用效率，避免财务风险，增强市场竞争力。

（二）多维度数据可视化

1. 跨部门数据整合

企业运营通常涉及多个业务部门，包括销售、采购、生产、研发、市场等，每个部门产生的数据对企业的运营都有重要影响，而这些数据之间往往有着密切的关联。传统财务分析通常集中在财务部门，往往忽视了其他业务数据的重要性，导致决策缺乏全面的视角。而多维度数据可视化通过跨部门数据整合，能够提供一个全面的业务视角，使企业管理层可以同时分析多个领域的数据并查看它们之间的相互影响。例如，企业可以将销售数据与库存数据进行整合，动态展示在同一个仪表盘上。管理层可以查看销售量、库存水平、订单状态等关键指标，并迅速了解销售与库存之间的关系。如果销售量大幅增长，但库存不足，企业管理层可以立即发现这一问题，并作出调整，如加速生产或采购，避免因缺货导致的销售损失。通过这一整合，企业不仅能提高运营效率，还能将资源合理配置，避免库存过剩或短缺的情况。财务部门也可以通过多维度数据可视化监控资金流动与运营活动的关系。例如，结合生产数据与财务数据，管理者可以判断生产效率和资金使用之间的联系。如果某一生产环节出现问题导致生产延误，资金流动就可能会受到影响。这时企业能提前采取应对措施，调整投资计划或资金调度，从而确保资金流动顺畅。

2. 关联性和趋势识别

多维度数据可视化的一个显著优势是能够揭示不同财务指标和业务数据之间的潜在关联性。传统财务分析往往孤立地分析财务数据，忽视了这些数据与其他业务数据之间的深层次关系。通过多维度数据可视化，企业能够洞察业务和财务数据之间的联系，从而作出更加精准的预测与决策。例如，通过销售和库存数据的对比分析，企业可以看到库存水平是否符合销售趋势。如果销售旺季即将来临，销售量可能会大幅上升，而库存不足则可能导致缺货现象，从而影响销售和客户满意度。通过多维度数据可视化，企业能够提前识别出库存问题，并根据数据趋势提前作出采购或生产计划的调整。特别是在零售行业，库存管理直接影响销售业绩，提前采取行动将帮助企业在竞争激烈的市场中占得先机。另一个常见的分析场景是成本控制和资金流动之间的关系。在大多数企业中，成本和资金流动是紧密相连的，生产成本的增加可能直接影响到现金流和债务偿还能力。通过将生产成本数据、资金流入和流出数据、借贷情况等多个维度的数据进行整合与可视化展示，管理层能够发现成本控制不力时对资金流动的负面影响，从而提前采取措施，如调整成本结构、优化生产流程或加快应收账款的回收，避免因资金链断裂导致的经营困境。

3. 业务决策支持

通过多维度数据可视化，企业管理者可以从不同角度全面了解企业的运营状况，从而在财务分析的基础上进行综合决策。这种决策支持能力使管理层可以更加深入地挖掘数据背后的潜在信息，提高决策质量，优化资源配置。例如，在一个复杂的生产流程中，管理者可以通过多维度数据可视化来监控从原材料采购、生产到成品销售的整个过程。通过实时查看各个环节的数据，管理层能够更清晰地看到哪些环节存在问题，进而作出决策来优化流程。如果在某个生产环节中，设备故障频发导致生产效率下降，企业可以通过多维度数据可视化的方式立即发现问题，并迅速采取措施进行修复，从而减少生产停滞对财务的负面影响。

多维度数据可视化同样对市场营销决策至关重要。通过对销售、市场活动、广告投放等多方数据的整合，企业管理层可以评估不同营销策略的效果。例如，结合销售数据和广告投放效果，管理层能够分析不同渠道的销售增长与广告支出之间的关系，从而评估广告投资的回报率。如果某一广告策略产生的销售增长远低于预期，管理层可以通过数据可视化快速调整策略，优化广告投放效果，确保营销资金的高效利用。企业还可以利用多维度数据可视化来优化预算分配。通过展示不同部门和业务单元的财务表现，管理层可以判断资源分配的合理性。如果某个部门的资源投入过高，而回报相对较低，企业可以通过多维度数据可视化识别这一问题，合理调整预算，以提高资源使用效率。

（三）趋势与预测可视化

1. 趋势分析

趋势分析是数据可视化中最基本也是最重要的一部分。通过展示多个财务指标在一段时间内的变化趋势，企业可以识别出财务状况的长期发展趋势，预测未来可能面临的风险和机会。

（1）销售收入和净利润趋势。销售收入和净利润是衡量企业经营成果的核心指标，管理层通常会密切关注这两项数据的变化趋势。通过趋势图展示过去几年的销售收入和净利润数据，企业能够直观地看到其增长趋势。若企业销售收入在一段时间内持续增长，并且利润率保持在较高水平，管理层就能判断出企业的市场占有率稳步提升，盈利能力得到增强。如果销售收入或净利润的增长出现放缓或下滑的趋势，企业就需要警惕可能存在的市场压力或经营问题。在这种情况下，趋势分析不仅能够反映出企业当前的经营状况，还能帮助管理层提前识别潜在的市场风险，并采取相应的策略加以应对。例如，若利润下降主要是由成本上升引起的，管理层可以通过趋势图看到成本的增长趋势，并及时优化生产流程，降低运营成本，恢复盈利能力。

（2）成本和毛利率趋势。成本和毛利率的变化趋势对于评估企业运营效率至关重要。通过分析成本的长期趋势，管理层可以发现成本上升的原因，并识别出生产效率或采购环节中的潜在问题。例如，企业可能发现，尽管销售收入持续增长，但生产成本的增幅远高于收入增长的速度，导致毛利率逐年下降。这时，企业可以通过趋势分析发现问题，及时调整生产工艺或优化供应链管理，以实现成本控制。毛利率的变化趋势也能反映出企业的定价能力和成本控制能力。如果毛利率保持稳定或持续增长，通常表明企业具备较强的市场定价能力和高效的成本管理。反之，毛利率下降可能意味着企业面临成本上升或市场价格竞争加剧的问题。

2. 季节性波动的可视化

许多行业都存在季节性波动，尤其是在零售业、旅游业和消费品行业等领域。季节性波动是由外部环境和市场需求的周期性变化引起的。通过趋势可视化，企业能够识别出这些季节性波动，并根据其规律进行精准的运营规划和资源调配。

（1）销售收入的季节性波动。在零售行业和消费品行业，销售收入往往受到季节性因素的显著影响。例如，节假日、促销季节和特定节庆活动通常会推动销售增长。通过对销售收入的季节性趋势进行可视化，企业能够清楚地看到每年的销售高峰期和淡季，并提前作出调整。例如，零售企业可以通过分析过去几年的销售数据，识别出夏季和冬季之间的销售差异，制定不同的销售策略。冬季通常是服装零售行业的旺季，企业可以通过提前备货和增加促销活动来利用旺季的销售机会。而在淡季，企业则可以减少库存，调整采购计划，避免因过度采购而导致的库存积压。通过季节性趋势图，企业还可以预测未来的销售波动，为资金调度和库存管理提供参考。例如，如果企业预测到冬季销售将大幅增加，它可以提前规划资金的使用，确保有足够的流动资金来支持生产和供应链需求。

（2）市场需求波动。季节性波动不仅影响销售收入，还可能影响其他业务环节，如生产计划和供应链管理。通过多维度的可视化，企业能够将销售、库存和供应链等多项数据融合，识别市场需求的周期性波动。管理层可以通过查看销售和库存数据的趋势，判断库存是否与市场需求相匹配。如果在销售旺季前库存不足，企业需要及时补货；如果在淡季库存过多，企业则可以采取促销活动或延迟采购等措施来清理库存。通过这种方式，企业能够灵活应对季节性波动，最大化利用市场需求的变化，优化运营和资金管理，从而提高整体的盈利能力和市场竞争力。

3. 未来预测

（1）基于历史数据的预测。历史数据为企业预测未来财务状况提供了宝贵的参考依据。通过时间序列分析、回归分析等统计方法，企业能够根据历史数据预测未来的财务表现。例如，企业可以通过对过去几年的销售数据进行趋势分析，建立预测模型，估算未来几个月或几年的销售收入和毛利润。通过可视化预测结果，管理层能够清晰地看到未来销售的增长趋势，从而制订相应的预算、资金调度和资源配置计划。例如，在预测未来销售收入时，企业可以通过对销售额的季节性波动进行分析，结合行业市场需求的变化，得出一个较为准确的销售预测。企业还可以根据这一预测，提前准备资金，确保能够应对生产需求的增长，并制定营销策略以支持销售目标的实现。

（2）资金流动和融资需求的预测。预测模型可以帮助企业预测未来的资金流动，判断可能的资金短缺或过剩的时间点。通过结合历史的现金流数据、市场趋势和财务状况，企业能够估算未来几个月或几年的现金流状况，判断是否需要提前进行融资或调整资金计划。例如，企业可以通过分析过去几年的资金流入流出数据，预测未来的资金需求和支出。如果预测显示某一季度将面临资金短缺，企业可以提前采取措施，如进行融资、优化支出或延迟某些非紧急项目的支出，从而避免资金链断裂的风险。

二、大数据与财务报表分析的结合

（一）多源数据集成

1. 数据源的多样化与整合

在传统财务管理中，财务数据通常是唯一关注的焦点，虽然它能够反映企业的经济活动，但这类数据常常是片面的，难以提供一个全面的业务表现视图。然而，随着大数据技术的发展，企业可以将来自不同业务领域的数据进行集成，使财务分析不是基于单一的财务数据，而是将多个数据源的综合分析作为决策基础。例如，销售数据能够提供关于产品需求、市场趋势和客户偏好的重要信息，而库存数据能够揭示产品流动性的情况，帮助企业了解库存周转、销售速度和市场需求之间的关系。客户反馈和市场营销数据则可以为企业提供消费者需求的深度洞察，反映客户对产品的反应以及营销活动的效果。这些数据的集成为财务报表的分析提供了更为全面的背景，使企业能够对财务数据进行更加深刻的解读和预测。通过将这些非财务数据与财务报表结合，企业能够全面了解影响财务状况的各个因素，进而优化资源配置。例如，企业可以通过综合销售数据和财务报表来分析哪些产品或服务带来了最高的毛利润，哪些成本控制措施对财务表现影响最大，或者哪些市场营销活动取得了最大的投资回报率。这种多源数据的集成，不仅增加了财务报表分析的深度，还能够揭示潜在的财务风险或业务机会，为企业提供更加精准的决策依据。

2. 跨部门信息流的集成

传统的财务报表通常局限于财务部门，主要反映财务数据，而与其他部门（如销售、采购、生产等）的数据整合较少，这导致了财务信息的局限性，无法全面反映企业各个部门的协同作用。随着大数据技术的应用，跨部门的数据流被有效整合，企业能够实时获得来自各部门的相关信息，形成一个更加全面和及时的财务管理体系。

跨部门信息流的集成使财务管理人员能够从整体角度审视企业的运营状况，并基于多部门合作的视角进行决策。例如，销售部门的销售数据、市场营销活动的效果和采购部门的库存信息，能够通过大数据技术集成在一起，为财务部门提供精准的成本控制和盈利能力评估。财务管理人员可以根据销售数据的变化，实时调整资金的调度策略；通过与采购部门共享信息，可以优化供应链管理，减少库存积压和资金占用；而通过与生产部门共享销售预测数据，可以合理规划生产计划，避免生产过剩或不足带来的资金压力。例如，通过分析销售数据与财务报表的结合，企业能够评估不同市场营销活动的投资回报率，判断哪些广告投入、促销活动或产品推销策略带来了最大化的收益。

3. 实时数据的整合与应用

传统的财务报表通常是基于周期性的总结和汇报，存在着数据滞后性和时效性差的问题。这意味着，企业的决策往往依据已经过时的数据，而不能客观反映市场的变化。而大数据技术的应用，通过实时数据的集成和处理，极大提高了财务管理的响应速度和灵活性。

实时数据的获取和处理，使企业能够及时识别潜在的风险或业务机会。例如，在销售收入下降的情况下，通过实时的销售数据反馈，财务部门可以迅速评估资金的流动情况，实时调整资金调度计划，避免企业资金链出现断裂。同时，基于实时数据，企业能够对资金使用效率、应收账款的变动情况以及支出流动性进行动态监控，及时采取措施，避免财务风险蔓延。这种实时数据整合不仅提升了财务数据的时效性，还增强了财务决策的精准性和灵活性。例如，企业可以通过实时监控销售和采购情况来调整生产计划，优化库存管理，并及时调整财务预算和资金流动，以确保企业在短期内具备足够的财务资源应对变化。

（二）财务报表的智能化分析

1. 智能化财务报表分析

传统的财务报表分析往往依赖静态的数据对比和比率分析，而智能化财务报表分析通过结合大数据技术和智能算法，能够深入挖掘财务数据之间的复杂关系。在智能化分析中，财务报表中的销售数据、毛利率、资金流动等信息可以通过算法模型进行综合分析，揭示它们之间的潜在联系，从而帮助企业发现潜在的运营瓶颈或市场机会。具体来说，企业可以通过智能化财务报表分析，识别销售收入的波动与毛利率之间的关系。例如，企业可能会发现某些产品的销售收入虽然增长，毛利率却下降。通过智能化财务报表分析，系统可以自动识别这种现象并进一步揭示原因，如生产成本的增加、原材料价格的波动或者是市场竞争的加剧。企业管理者可以根据智能化财务报表分析的结果，及时调整资源配置，优化生产流程或市场策略，确保毛利率的提升。智能化财务报表分析还能够识别经营过程中的潜在问题。比如，企业可能发现某一部门的财务表现不佳，系统则可以进一步分析这一部门的财务数据，结合其他相关数据，如市场需求变化、销售渠道的效率、客户满意度等，找到原因并提出优化建议。

2. 财务报表与业务数据的融合分析

智能化财务报表分析的一个重要特点是能够将财务数据与企业其他业务数据进行融合分析。这种数据融合不仅限于财务领域，还涵盖了市场营销、销售、供应链管理、客户关系管理等多个方面。通过将这些数据与财务报表结合，企业能够更加全面地理解业务各个方面对财务状况的影响，并通过预测算法进行未来财务表现的预测。例如，企业可以将财务报表中的毛利数据与销售数据进行结合，运用预测模型分析未来几个月的销售收入、毛利率以及生产成本等，从而为企业提供更加精准的资金调度和战略规划依据。通过分析销售数据与毛利率的历史关系，企业可以预测未来的销售收入变化趋势，并根据这些预测结果调整库存计划、采购策略和生产安排，确保财务目标的实现。将财务数据与外部市场数据（如经济趋势、行业变化、宏观经济指标等）相结合，也可以为企业提供更具前瞻性的分析和预测。例如，企业可以通过分析市场需求变化、消费者行为变化等因素，预测不同业务场景下的财务表现。这种融合分析帮助企业识别可能的风险和机会，使财务战略能够灵活应对外部环境的变化，从而提高企业在竞争中的优势。

3. 数据可视化与智能决策支持

大数据技术不仅为财务报表分析提供了更强的深度和精准性，还通过数据可视化技术使财务数据的展示更加直观和易于理解。通过使用数据可视化工具，如仪表盘、图表、趋势图等，企业能够将复杂的财务数据以可视化的方式呈现，帮助管理层快速理解财务状况，识别潜在问题，并在决策时能够作出及时、精准的判断。例如，企业可以通过实时更新的财务图表，观察收入、支出、毛利率、现金流等各项核心财务指标的变化趋势。当企业出现资金短缺、支出超出预算或盈利下降时，管理层可以通过可视化图表立即看到这些问题，并根据这些反馈作出相应调整。实时更新的可视化财务数据使企业在快速变化的市场环境中能够灵活应对，避免因延误而错失应对机会。智能决策支持平台则进一步加强了财务决策的科学性和智能性。通过对财务数据的智能分析，智能决策支持平台能够为管理层提供实时的决策建议。例如，当企业面临资金调度或战略调整时，智能决策支持平台能够基于大数据分析，提供基于过去趋势和未来预测的决策建议，帮助管理层更好地把握企业的财务走向。

第三节　大数据在财务预测中的应用

一、大数据技术拓展了财务预测的数据源

（一）丰富的内部结构化数据

1. 数据整合与处理能力的提升

传统的财务预测主要依赖历史数据和简单的统计方法，如回归分析、时间序列分析等，这些方法通常局限于对单一数据源的分析，无法有效整合来自不同业务单元和系统的数据。随着大数据技术的发展，企业得以通过高效的数据整合和处理技术，将多种来源的数据整合为统一的数据池，并进行更深入的分析。企业可以将交易记录、销售数据、库存信息、市场营销数据以及客户反馈等多元化数据整合到一个平台中，进行跨部门的数据挖掘与分析。这种数据整合的能力使财务部门能够更加全面地了解市场动态与财务状况的变化。例如，通过对历史交易数据的分析，企业可以识别出季节性变化的模式、不同产品线的盈利能力以及市场细分领域的潜力，这些信息能够帮助财务人员预测未来的资金需求、盈亏状况以及风险暴露。这种基于历史数据和实时信息整合的预测，使财务规划更加精确，也大大降低了未来运营中的不确定性和风险。

进一步而言，结合机器学习算法，数据处理能力也得到了显著提升。通过

算法的训练，系统能够从庞大的历史数据中学习，识别出数据之间的复杂关联性，挖掘出潜藏的商业机会和风险。例如，系统能够识别出某一类客户在特定时期的购买行为模式，从而为未来的销售收入和利润预测提供更多维度的支持。

2. 云计算与分布式数据库技术的应用

大数据技术的发展特别是云计算与分布式数据库技术的应用，使企业能够更高效地存储、管理和检索内部结构化数据。过去，企业数据的存储通常依赖本地服务器和单一数据库系统，这种方式在面对海量数据时表现出显著的局限性。而现在，借助云计算与分布式数据库技术，企业不仅能够大幅提升数据存储的容量，还能保证数据的高效访问和处理能力。通过云平台，企业可以实现数据的集中化管理，将所有与财务和运营相关的数据存储在云端，从而大大提高了数据的访问性和共享性。云计算平台的高可扩展性使企业能够根据实际需要灵活扩展数据存储和处理能力，解决了传统存储方式下的性能瓶颈。例如，企业在高峰期（如销售旺季等）可根据需求快速扩大数据处理能力，而不必为此投入大量的前期硬件成本。云平台还提供了多种工具和服务，帮助企业对数据进行有效管理和分析，同时保证了数据的安全性和可靠性。

分布式数据库技术进一步增强了企业对海量数据的处理能力。与传统的单一关系型数据库相比，分布式数据库技术能够将数据分散存储在多个节点上，并通过分布式计算实现高效的数据查询和处理。这种技术的应用不仅提升了数据访问速度，还降低了系统的单点故障风险，提高了系统的可用性和容错性。对于财务预测来说，分布式数据库技术能够快速处理来自不同业务单元的海量数据，为实时财务数据分析提供了强有力的支持。例如，在企业进行财务预测时，管理层通常需要综合分析各部门的数据，如销售、市场、生产、采购等。传统财务分析方法通常依赖手工整合这些数据，过程烦琐且易出现错误。而在云平台和分布式数据库技术的支持下，所有这些数据都可以实时整合并进行高效分析，确保财务预测更加精准、时效性更强。

（二）多样的外部非结构化数据

1. 文本分析技术的应用

文本分析技术在大数据领域中发挥着关键作用，尤其是在将非结构化数据转化为有用的财务预测指标方面。例如，通过自然语言处理和情感分析，企业能够从大量社交媒体帖子、新闻报道和行业评论中提取出市场情绪。社交媒体和新闻的文本内容可以反映公众对某一行业或公司的看法，这些情感变化能在股价预测、市场需求变化等方面提供重要线索。通过对文本数据的定量化分析，企业能够预测未来的销售趋势、消费者偏好以及股市波动。例如，某科技公司在产品发布前，相关的社交媒体讨论量和情感分析可以帮助企业预测消费者的购买兴趣，进而优化销售预期和生产计划。此外，基于新闻报道的情感分析，企业还可以了解宏观经济或行业变化对企业的潜在影响，及时调整财务预算或战略决策。

2. 多源数据的交叉分析

大数据技术使企业能够将来自多个数据源的非结构化数据进行交叉分析，从而揭示隐藏在各类数据背后的关系和趋势。例如，结合社交媒体数据和行业研究报告，企业可以从多个视角理解市场的整体动态。社交媒体反映了消费者的实时反馈，而行业研究报告则提供了对行业整体趋势的专业分析，结合这两类数据可以得到更精准的市场预测。通过交叉分析，企业能够识别市场趋势的前瞻性信号，并在财务预测中考虑到更多的变量。例如，社交媒体上关于某品牌的积极讨论，可能与行业研究报告中预示的市场需求增加相关联，这些信息的交叉分析能够帮助企业对未来销售作出更为精确的预测。

（三）数据源的拓展对财务预测的影响

1. 预测准确性的提升

大数据技术通过引入多样化的数据源，使财务预测模型能够捕捉到更多维度的信息，从而大幅提升预测的准确性。传统财务预测通常依赖企业内部的结构化数据，如财务报表、历史销售数据等。然而，这些数据的局限性往往使预测结果无法全面反映市场的动态变化。随着大数据的应用，财务分析师不再仅仅依赖财务数据，而是通过集成社交媒体、市场调研、行业趋势、新闻报道等外部非结构化数据，这些多元化的数据源使预测能够从多个维度反映现实市场的变化。例如，企业可以将社交媒体数据和消费者的在线行为数据与财务报表数据相结合，通过情感分析捕捉到公众对某个产品或服务的态度变化。这些社交媒体平台上的实时反馈信息能够揭示消费者的购买意图，从而使企业能够更精确地预测销售走势。结合传统财务数据，如销售收入、库存周转率等，企业可以获得更加准确的市场预判。这种跨领域数据的融合不仅为财务预测提供了更多的变量，也减少了仅依赖历史数据可能带来的偏差，进一步提高了预测的可靠性。通过这种数据源的拓展，财务预测不仅仅是基于过去的数据趋势，还能够实时反映当前市场的动态与趋势，从而提升了预测的时效性和准确性。

2. 市场洞察的深化

大数据技术的引入使财务分析师可以从多维度的数据中提取有价值的信息，深化对市场规律的理解。传统财务分析方法通常依赖已知的历史数据和预设的财务模型，这些方法虽然可以提供过去的运营状况和趋势，但缺乏对未来市场变化的预测能力。大数据技术通过集成来自不同领域的数据源，赋予财务分析师更广阔的视野，使他们能够从中发现潜在的市场风险和机会，并在实际决策中给予支持。例如，通过对新闻报道的分析，企业可以洞察外部环境对行业的影响，包括政策变动、行业竞争和全球经济形势的变化。通过对新闻文章、社交媒体信息、行业报告等非结构化数据的情感分析和文本挖掘，企业能够识别出市场中的潜在风险。如果某行业的负面新闻频繁出现，可能反映出该行业未来面临的严峻形势，这为企业提供了调整经营策略的早期警告。通过这样的市场洞察，企业能够提前制定应对策略，减少市场波动带来的风险。此外，大数据技术通过整合行业研究报告、消费者行为分析甚至是竞争对手的公开财务信息，使企业能够更深入地了解市场趋势及其背后的驱动因素。这种多源信息的融合不仅帮助企业识别潜在的机会，还能够揭示哪些领域可能存在风险。例如，通过跨行业的数据对比分析，企业可以发现某一行业的上游供应链可能面临资源枯竭的风险，进而优化其供应链管理和采购决策。

二、大数据技术增强了财务预测的分析能力

（一）使用数据挖掘与机器学习提高模型准确度

1. 数据挖掘技术的应用

数据挖掘技术广泛应用于财务预测领域，它通过从多维度的大数据中发现

潜在的模式、关联性和趋势，为财务决策提供更加全面和准确的依据。与传统财务分析方法相比，数据挖掘技术能够深入复杂的数据结构中，揭示出隐藏的信息和关系，从而提高财务预测的有效性。具体来说，数据挖掘可以帮助企业分析历史销售数据、市场需求、客户行为、生产成本等多个方面的数据，提炼出影响财务状况的关键因素。例如，通过对历史销售数据的深入分析，企业可以识别出某些季节性因素、促销活动、产品特性等与销售额之间的关系。企业可以运用这些关联规则来预测未来的销售趋势，进而制订更加精准的预算、库存管理和资金调度计划。数据挖掘还可以通过聚类分析、关联规则分析和回归分析等技术，帮助企业找出潜在的客户群体、产品组合和市场趋势。例如，聚类分析能够将相似行为的消费者群体分组，从而帮助企业制定个性化的财务预测策略。在客户生命周期分析中，通过数据挖掘能够识别出高价值客户，并预测这些客户未来的购买行为，从而帮助企业优化财务策略和资源配置。

2. 机器学习方法的优势

机器学习是数据分析中的一种强大工具，它的核心优势在于能够从数据中自动学习规律，而无须依赖预设的模型假设。这意味着机器学习方法能够从历史数据中不断地调整和优化其预测能力，逐步提高财务预测的准确度。与传统统计方法不同，机器学习能够应对大量、复杂的、非线性的财务数据，使企业能够在动态的市场环境中灵活调整其财务策略。具体而言，机器学习算法能够通过反复训练模型，对输入的数据进行分析，发现其中的模式和关系。例如，利用监督学习算法（如回归分析、支持向量机等），企业可以通过历史销售数据和财务指标来训练模型，从而预测未来的销售收入、利润水平和现金流。在此过程中，机器学习模型能够自动调整其参数，确保模型能够准确拟合数据，从而减少人为假设的偏差。机器学习的另一个重要优势在于其强大的自适应能力。随着时间的推移，市场环境、消费者行为、行业政策等因素可能发生变化，而机器学习模型能够随着新数据的到来，持续优化自身的预测能力。这使企业能够实时跟踪和预测财务数据，尤其是在面对快速变化的市场条件时，能够及时调整财务决策，避免因为过时的模型导致的财务失误。例如，在销售预测中，企业可以使用机器学习算法（如深度学习、随机森林等）构建更加精准的销售预测模型。这些模型能够自动分析大量历史数据并捕捉到其中的复杂关系，如季节性波动、促销活动的效果、客户忠诚度等，从而为企业提供更为精确的销售预估，进而优化生产计划和库存管理。与传统财务分析方法相比，机器学习方法能够自我学习并调整，避免了人为干预和先验假设的影响。

（二）利用文本分析技术挖掘非结构化数据价值

1. 市场情绪分析

市场情绪分析是文本分析在财务领域中最常见的应用之一。市场情绪指的是大众或消费者对市场、某一行业或特定产品的情感倾向，它不仅能反映消费者的购买意图，也能影响股市波动和市场预测。传统财务预测方法通常依赖历史数据和财务报表，但这些方法缺乏对市场情绪的实时反映。而通过文本分析，企业可以直接捕捉到与其业务相关的市场情绪变化，进而预测未来的销售趋势、产品需求变化甚至股价的波动。

文本分析通过情感分析技术能够识别社交媒体、新闻报道、消费者评论和论坛讨论中的情感极性。情感分析通常分为正面、负面和中性情绪，企业可以通过分析消费者对其产品或服务的评价，捕捉潜在的市场趋势。例如，如果消费者在社交平台上对某个产品表现出负面情绪，企业可以提前采取措施，如调整营销策略、优化产品设计或加强客户服务等，以减轻潜在的负面影响。此外，新闻报道和媒体的情绪变化同样可以为企业提供重要的市场情绪信号。通过对金融新闻、行业动态的情感分析，企业能够识别出宏观经济变化或行业风向的转变。例如，若某个行业的负面报道增加，可能预示着未来行业景气度的下滑，从而影响相关企业的股价、需求和利润预测。通过将这些市场情绪信号融入财务预测，企业不仅能准确预测短期财务波动，还能进行中长期战略调整。

2. 多源数据整合分析

在大数据时代，企业面临的数据来源极为丰富，传统财务分析方法往往无法全面处理这些多元化的数据。通过文本分析技术，企业能够有效地整合来自不同源的非结构化数据，并从中提取出更全面的市场和财务情报。例如，企业可以将来自新闻报道、行业分析报告、社交媒体、消费者评论等多方的数据结合在一起，进行交叉分析，揭示不同数据源之间的内在联系和共同趋势。将多源数据整合后，企业可以获得更加深入的市场洞察。例如，通过将新闻报道中的行业趋势与社交媒体中的消费者情绪结合，企业可以更加全面地评估行业前景以及其自身的市场表现。这种整合分析能够帮助企业发现潜在的业务机会和风险。如果行业报告和消费者的社交媒体评论一致表明某个行业正在增长，企业可以更为积极地调整预算和资源分配，增加投资和生产能力；相反，如果报告显示行业不景气，而社交媒体上消费者情绪较为负面，企业则应考虑优化成本、推迟投资或调整产品定位。行业研究报告则通常包含了大量的市场数据和趋势预测，企业通过结合这些报告与自家财务数据、销售数据等，可以为财务决策提供一个更全局的视角。结合行业研究报告和市场新闻中的情绪分析，企业可以预测未来的需求波动，进而调整生产计划和库存管理，确保财务状况的稳健。内部数据与外部数据结合，不仅有助于提升财务预测的准确性，还能为企业开拓新市场、提升客户满意度和优化产品策略提供强有力的支持。

三、大数据技术实现了财务预测的动态更新

（一）实时数据采集与处理

1. 实时数据采集技术的应用

实时数据采集技术使企业能够即时捕捉和分析全球范围内的金融信息，确保财务预测基于最及时、最全面的数据。随着网络技术的不断进步，企业可以通过高速网络连接、数据流通渠道以及分布式存储系统，将来自不同市场的实时数据汇聚在一个统一的平台上，进行即时分析和处理。这些数据可以包括股票价格、交易量、汇率变动、宏观经济数据、消费者行为以及市场情绪等多个层面的信息。以金融市场为例，通过实时数据采集技术，企业能够及时捕捉到股市、债券市场、外汇市场等的变化趋势。企业能够实时监控股票价格波动、交易量变化，甚至捕捉到市场上的突发新闻事件，如企业公告或政策变动，这些都可能对市场产生直接影响。例如，某个国家出台新的财政政策或央行宣布调整利率，可能会在短时间内引发股市的剧烈波动。企业通过实时数据采集技术能够迅速捕捉到这些信息，并快速对其财务预测模型进行调整，降低因信息滞后带来的决策风险。企业还可以结合宏观经济指标的数据流，包括失业率、

通货膨胀率、国内生产总值增速等，分析全球经济的走势。通过集成这些多元化的数据，企业可以形成一个全面的经济评估系统，及时调整财务战略，以适应外部环境的变化。实时数据采集技术不仅帮助企业获得更多的市场信息，也使企业在面对动态市场时能够快速响应，确保决策的科学性和前瞻性。

2. 流处理技术的优势

流处理技术是指在数据生成的同时进行实时处理的技术，与传统的批量处理方式不同，流处理技术能够显著提高数据处理的时效性，确保数据分析与决策能够同步进行。流处理技术的引入为企业财务预测模型的实时更新提供了可能，使企业能够在市场动态变化的瞬间作出反应，而非等待数据积累或定期分析。以常见的流处理框架如 Kafka 和 Storm 为例，流处理系统能够持续不断地接收、处理并实时分析进入的数据流。例如，企业可以通过 Kafka 实时监控金融新闻和社交媒体中的信息，结合自然语言处理技术，迅速识别新闻中的关键信息，如企业盈利报告、国际关系变化或政府政策调整等。通过分析这些实时信息，企业能够立即将其反馈到财务预测模型中，从而调整市场预测，减少潜在的财务风险。

流处理技术的优势不仅在于其实时性，更在于其高效的数据处理能力。传统的数据处理往往需要在大量数据积累后才能进行分析，这种模式导致了决策延迟，尤其在快速变化的金融市场中，时滞往往会带来巨大的风险。流处理技术通过即时数据处理，帮助企业在数据生成的瞬间对其进行分析，预测未来的市场动向并提前采取行动。例如，企业能够基于实时股市交易数据，判断市场的情绪波动，预测未来几小时内股市的走势，并根据这一信息调整投资策略或资金调度。

流处理技术的引入不仅增强了数据处理的灵活性，还使企业能够处理海量实时数据，快速识别潜在的财务风险。通过这种技术，企业能够实现持续的数据监控与即时反馈，提升财务管理的响应速度和准确性。

（二）快速更新预测模型

1. 模型参数的实时调整

实时调整模型参数是快速更新预测模型的核心技术之一。传统的财务预测模型通常依赖固定的假设和静态的参数，这些参数往往是在较为稳定的市场环境下设定的。然而，随着全球市场的日益复杂和不确定，传统的静态模型已无法满足企业对灵活性和准确性的需求。通过分布式计算和实时数据流处理技术，企业可以在短时间内对大量数据进行实时分析，从而对预测模型进行即时调整。在股票市场、外汇市场或商品市场等领域，市场可能因突发事件、经济数据发布或政策调整等因素发生剧烈波动。传统的财务预测模型往往无法及时应对这些变化，导致预测结果的滞后性和误差。而采用实时数据采集和分布式计算框架，企业可以通过实时反馈机制快速捕捉市场变化，并根据新数据对模型进行调整。例如，在政策变动或经济危机的情况下，企业可以通过调整经济增长率、消费者信心指数等参数，实时更新销售预测、成本预测和资金流动预测。通过这一机制，企业能够更加精准地应对市场波动，避免因过时的数据导致的决策失误。此外，实时调整模型参数还使预测模型更加贴合现实情况。例如，基于消费者行为数据、社交媒体情绪分析、新闻事件等外部数据，企业可以对产品需求的预测进行动态调整。如果市场需求在短期内急剧变化，企业可以通过迅速调整销售预测和生产计划，保持生产和资源分配的灵活性。

2. 多版本模型管理的应用

多版本模型管理在财务预测中扮演着至关重要的角色，特别是在面对不同市场环境、经济周期或政策变化时。多版本模型管理使企业能够为不同情境和需求构建多个预测模型，并根据实时的数据和市场环境选择最适合的模型进行应用。这种方式不仅提高了预测模型的准确性和适用性，还增强了企业对复杂市场环境的适应能力。通过多版本模型管理，企业能够根据市场的不同阶段或业务需求，灵活选择和应用不同的模型。例如，在经济繁荣时期，企业可能需要更多关注增长潜力和利润最大化的预测模型，侧重于扩展市场份额、提高生产能力和增加投资。而在经济衰退或不确定性较大的时期，企业则可能需要一个保守的财务预测模型，关注成本控制、资金流动和风险防范。通过管理和维护多个预测模型，企业能够根据经济周期的变化，迅速切换至最适合当前市场环境的模型。

多版本模型管理的核心优势在于其高效的模型切换机制。企业可以通过基于大数据的自动化工具，快速对不同情境下的模型进行选择和调整。例如，企业可以通过分析市场变化、政策变动或竞争对手行为，实时选择适用的模型进行预测。基于历史数据和市场情报，系统可以自动识别出适合当前情境的模型并启动，从而确保决策过程的时效性和精确性。此外，多版本模型管理还可以提升预测模型的鲁棒性（适应能力）。例如，在一个极端的市场环境下，某些模型可能会出现失效的情况，但通过多版本模型的管理，企业可以保证在一个模型失效时，另一个模型能够继续有效地提供预测支持。

（三）动态更新对财务预测的影响

1. 预测时效性的提升

随着大数据技术的引入，企业能够实现财务预测的实时更新，这大大提高了预测的时效性和准确性。传统的财务预测依赖定期的数据收集和报告编制，通常存在滞后性，导致管理层对市场变动的反应不够及时。而大数据技术通过实时数据采集与处理，使企业能够及时捕捉到外部市场、行业动态、消费者行为、供应链波动等各类数据。这些实时数据流不仅涵盖了财务数据，还扩展到销售、库存、采购、市场营销等多个领域，使企业能够基于最新的数据作出即时的财务预测。例如，企业可以通过实时数据采集技术，迅速获取来自不同渠道的信息，包括销售数据、生产计划、宏观经济指标以及竞争对手动态等。当市场需求出现变化或经济环境发生波动时，企业能够立即通过数据流处理系统对预测模型进行调整，确保财务预测的准确性。例如，若发现某一地区的消费者需求在短期内大幅下降，销售预测模型会及时反映这一变化，调整未来几个月的销售收入和库存计划，从而避免生产过剩或供应短缺的情况。实时数据采集技术还能够帮助企业及时发现潜在的市场机会或风险。例如，通过实时监控原材料价格、货币汇率和国际市场动向，企业能够动态调整采购和资金调度计划，减少外部环境变化带来的负面影响。通过实时的财务预测，企业能够提前做好战略调整，优化资源配置，保障运营的顺畅进行。

实时预测能力不仅提升了财务数据的反应速度，也增强了企业应对市场变化的敏捷性。在一个充满不确定性的全球经济环境中，及时准确的财务预测为企业赢得了更多的市场机会和竞争优势。

2. 决策灵活性的增强

大数据技术赋能的财务预测不仅提升了预测的准确性，还大大增强了决策的灵活性。通过动态更新和快速调整预测模型，企业可以更好地应对不断变化的市场和经济环境，确保决策具有更高的灵活性和适应性。决策灵活性是指企业能够在面对不确定性时，迅速根据最新的情况调整战略和行动，以确保业务目标的实现和资源的最优配置。一种重要的技术手段是多版本模型管理。在传统的财务预测中，企业往往只使用单一的预测模型，这个模型基于历史数据和既定的假设，难以灵活应对快速变化的市场环境。而大数据技术使企业可以同时构建多个预测模型，以适应不同的市场情景。例如，企业可以根据经济衰退、市场增长、突发事件等不同的假设，构建不同的财务预测模型。在经济下行时，企业可以选择一个更为保守的预测模型，侧重于成本控制和资金储备；而在经济增长的情况下，企业则可以选择一个更为积极的模型，注重扩张和投资。

企业可以根据实时数据反馈和历史数据分析，迅速调整预测模型的参数。例如，在新产品发布、市场需求突然增加或供应链中断等情况下，企业可以通过调整预测模型中的关键变量，如销售增速、生产周期、库存周转等，灵活应对市场变化。这种模型参数的动态调整能力，使企业在变化的市场中能够快速响应，减少决策的滞后性，提升决策的准确性和执行力。多版本模型和动态更新的结合，还增强了企业对多样化情境的应变能力。在面对复杂的市场环境时，企业可以选择最适合的模型进行财务预测和资源调配，避免因单一模型的限制而导致的预测误差。例如，在面临全球经济动荡时，企业通过灵活选择不同的预测模型，能够更精确地预测市场波动，并作出相应的战略调整。

通过实时数据更新和多版本模型管理，企业不仅能够提高预测的准确性，还能在复杂多变的市场环境中保持决策的灵活性。

第六章　大数据技术与财务信息系统建设

第一节　财务信息系统的发展与现状

一、企业财务信息化发展沿革

企业财务信息化的历程随着信息技术的飞速发展，经历了多个阶段的演变，从最初的基础会计电算化，到后来的企业资源计划（ERP）系统，再到现今的后 ERP 阶段，每个阶段都对应着技术进步与企业需求的深刻变革。随着每一阶段的发展，企业在财务管理上的依赖、效率、精准度等都得到了极大提升，财务信息化也逐步成为企业决策、风险防控、资源配置等重要环节的支柱。

（一）会计电算化阶段

会计电算化阶段是企业财务信息化的起步阶段，主要跨越了 20 世纪 80 年代至 90 年代中期。在这一阶段，企业财务管理的革命性变化来自计算机技术的广泛应用。尤其是在会计记账、财务报表制作、会计分析等方面，计算机技术的引入极大地提高了企业财务管理的效率。

在会计电算化系统中，企业通过计算机程序化管理日常会计事务，使财务人员逐步摆脱了手工记账的烦琐流程，减少了重复和低效的工作，提高了工作的精度与效率。企业能够通过财务软件自动生成会计报表，进行日常账务处理和财务分析，解决了传统手工账务中容易出现的错误问题。然而，这一阶段的会计电算化系统仍然以单一的财务管理为主，信息来源大多依赖人工录入或部分导入，财务信息采集和处理的范围依然存在较大的局限性。尤其是系统与生产经营环节的脱节，使会计电算化的功能在提高财务部门工作效率的同时，未能有效支持管理层的整体决策。尽管这一阶段的应用大大提高了财务部门的工作效率，但信息化的影响尚未能渗透至整个企业的管理流程中。会计电算化阶段的主要推动力来自计算机硬件和基础软件的普及以及早期的局域网技术。通过这些技术，企业实现了初步的数字化财务管理。然而，该阶段信息系统局限于财务部门，未能有效整合和共享跨部门的企业资源。因此，尽管在效率上有所提高，但是企业管理层依然缺乏全面、实时的数据支持，影响了决策的精准度和时效性。

（二）ERP 阶段

ERP 阶段始于 20 世纪 90 年代，并持续到 21 世纪初。随着信息技术的不断发展，尤其是互联网的普及，企业的财务信息化逐步发展为支持全业务领域的系统。在这一阶段，企业开始关注如何通过信息化手段提高业务管理效率，ERP 系统的引入标志着财务管理的全面整合和优化。

ERP 系统的核心在于其能够集成企业内部的各项资源，包括财务、生产、采购、销售等多个模块，形成一体化的管理平台。这一阶段的特点是，企业不仅能够通过财务管理系统使日常会计流程实现自动化，还能够实现跨部门的数据共享和业务协同，帮助企业提高资源配置效率。通过 ERP 系统，企业可以将财务、生产、销售等各个部门的数据进行整合，进而为决策层提供全面的、实时的经营数据支持，确保各部门的协同工作和信息透明度。然而，尽管 ERP 系统为企业带来了信息整合的优势，早期的 ERP 应用仍面临许多挑战。首先，虽然 ERP 实现了财务与生产、销售等业务的集成，但其他管理模块，如资产管理、费用报销、人力资源等，仍未能够与财务核算系统有效集成。这导致了企业的管理决策信息依然存在不全面、不及时的问题，影响了决策效率。其次，尽管 ERP 的引入帮助企业实现了资源的整合和优化，但企业在初期的 ERP 应用过程中仍面临信息共享不完全、管理流程不匹配等问题。

ERP 阶段的应用面临的是信息整合难题，虽然系统功能涵盖了企业各个业务领域，但跨部门、跨业务流程的整合仍显不足。企业财务信息系统与其他业务模块的集成深度较低，导致高层管理者所需的决策信息仍然不完整或滞后。此外，ERP 系统中的信息流动和共享机制尚未完全建立，许多企业仍未能实现全面的信息共享，数据孤岛问题依然存在。

（三）后 ERP 阶段

后 ERP 阶段始于 21 世纪初，并持续至今。在这一阶段，随着互联网技术的成熟应用及数据仓库技术的广泛使用，企业财务信息系统进一步从单纯的财务管理工具发展为全面集成的企业管理平台。后 ERP 阶段的关键在于财务信息系统的深度融合，它不仅涵盖了企业内部的财务管理，还逐步整合了生产、运营、供应链和客户等环节，实现了信息流的无缝连接和全方位的业务支持。在后 ERP 阶段，企业通过引入全面预算管理软件、资金集中管理软件和 ERP 软件等应用系统，解决了企业内部各个部门和模块之间的“信息孤岛”问题。尤其是云计算、大数据技术的应用，使财务管理系统更加智能化，能够提供实时数据分析、精准预测、风险预警等功能，为企业的决策层提供更加全面和科学的数据支持。这一阶段的财务信息系统不仅支持财务数据的处理，还能够涵盖战略规划、成本控制、资金调度、预算管理等多个方面。通过大数据分析，企业能够对市场变化、消费者需求、生产情况等进行精准预测和分析，从而优化企业资源配置、提高运营效率。此外，财务信息系统还在智能化方面取得了突破，机器学习和人工智能技术的引入使企业能够实时监控财务状况、自动识别风险和机会，进行动态调整和优化决策。

后 ERP 阶段尽管在信息集成和智能化方面取得了显著进展，但仍面临着一些挑战。企业财务信息系统的全面集成和实时数据流动依赖先进的技术和设备，许多企业在基础设施建设、系统部署和人员培训等方面仍需要投入大量资源。特别是在全球化和数字化背景下，企业的跨国、跨地区管理依然需要面对不同国家和地区在法律、税务、文化等方面的差异。后 ERP 阶段的目标是实现信息化在全企业范围内的全面覆盖。企业的财务信息系统不再单纯地服务于财务部门，而是全面融入生产、运营、市场等所有环节。信息共享、数据分析、智能决策成为这一阶段的主要特点。尽管如此，许多企业在技术整合、数据质量保障、系统维护等方面仍面临技术和资源的双重挑战，需要不断进行系统优化和更新。

二、企业财务信息系统的发展现状

（一）全面数字化和智能化

企业财务管理的数字化和智能化水平正在飞速提高，企业已不再满足于通过人工操作和传统会计记账来完成财务管理，而是转向数字化系统，利用现代信息技术对财务数据进行自动化采集、处理和分析。财务信息系统的智能化，意味着系统不仅能处理基础的账务信息，还能基于实时数据进行深度挖掘与预测，辅助企业作出科学的财务决策。

1. 财务数据自动化采集与分析

传统财务管理模式依赖人工输入和传统账本，这一过程烦琐且易出错。随着信息技术的进步，企业财务管理中的数据采集和处理已实现自动化，显著提高了效率并减少了人为错误。如今通过财务信息系统，企业能够将销售、生产、库存、供应链等多个部门的数据实时采集并整合。这些系统不仅能够生成财务报表，还能提供多维度的财务分析，帮助决策层实时了解企业的财务状况。

2. 智能化财务预测与风险管理

随着大数据和机器学习等技术的应用，财务信息系统的智能化进一步提升。智能化财务预测模型可以实时预测未来的资金需求、市场需求等关键指标，帮助企业在复杂的市场环境中更好地进行资源分配。智能化还使财务风险防控得到了显著提升，企业能够对潜在的财务风险进行实时监控，并根据预警机制及时采取相应措施。例如，若发现现金流不足的风险，财务信息系统可及时提供流动性预测，辅助管理层提前进行融资或优化现金流管理。

3. 智能化决策支持

企业不仅依赖财务报表作决策，更通过数据分析来指导战略调整。智能化财务信息系统能够整合企业运营中的各项数据，提供更加全面的决策支持。例如，企业可以根据销售数据、市场反馈和生产数据实时调整财务预算、资金调度和资源配置。通过智能化系统，财务管理人员能够从历史数据和市场趋势中提取有价值的信息，从而实现更具前瞻性的决策。

（二）云计算与大数据的广泛应用

随着云计算和大数据技术的逐步成熟与应用，企业的财务信息系统变得更加灵活、开放和高效。传统财务管理系统往往需要依赖企业自建的数据存储和计算资源，而云计算技术的引入，使企业能够将财务信息系统部署到云端，实现高度集中的数据管理和存储，并降低了信息技术运维成本。

1. 云计算的灵活性与成本效益

云计算技术使企业能够在无须过多投资硬件设备和信息技术基础设施的情况下，轻松扩展财务信息系统的功能。通过选择合适的云服务提供商，企业可以根据需求灵活选择不同规模的服务，按需支付，显著降低了信息技术运维成本。云计算平台还可以为企业提供可靠的数据安全保障和灾备服务，进一步提升了财务信息系统的安全性和稳定性。

2. 大数据技术的深度分析

大数据技术能够通过实时采集、存储和分析海量的数据，使财务信息系统不再局限于财务报表和历史数据的处理，而是能够融入更多外部数据源，如市场需求、消费者行为、经济环境等信息。企业通过大数据分析，能够识别潜在的业务机会和市场风险，从而作出更加科学和精准的财务决策。例如，零售企业通过大数据分析消费者的购买行为，预测未来的市场需求，并据此调整库存管理和供应链布局，从而提高资金利用率并减少库存积压。

3. 跨部门数据整合与决策支持

大数据技术的应用使企业能够整合来自各部门的信息，并根据这些数据进行全面的财务分析与决策支持。在财务决策过程中，企业可以通过对市场趋势、客户需求、供应链变化等外部因素的实时数据分析，全面了解企业的运营状况，从而优化财务预算、调整资金调度、提高资源配置效率。通过云计算平台，企业还可以实现全球范围内的实时数据共享与分析，为决策者提供统一的、即时的数据支持。

（三）财务与业务的深度融合

随着信息技术的不断进步，企业财务管理与其他业务模块的融合程度越来越高。在传统财务管理系统中，财务部门往往独立于企业的生产、销售和人力资源管理等部门，而如今，企业财务信息系统已经深度融入整个企业的业务流程中，成为企业管理决策的重要支持工具。

1. 财务信息系统与生产、销售、采购等业务模块的集成

现代财务信息系统已经不再局限于财务管理本身，而是通过与企业生产、

销售、采购等部门的深度集成，实现了全业务流程的协同。企业可以通过财务信息系统实时监控销售数据、库存状况、生产计划等信息，并根据这些信息快速调整财务预算、资金调度和投资决策。例如，企业通过实时监控销售数据，能够根据产品的市场需求调整生产计划和库存分配，从而避免资金和资源的浪费。

2. 财务信息系统提高资源利用率和降低运营成本

财务信息系统的集成与协同能够帮助企业提高资源的利用率，并降低运营成本。通过对生产过程、库存管理、物流等多个业务环节的集成分析，企业能够实时调整资金投入和资源配置，确保每一笔支出都能产生最大的价值。财务信息系统通过对各环节的成本监控与分析，帮助企业及时识别成本浪费，并采取相应的优化措施，从而提高企业的盈利能力。

3. 企业整体竞争力的提升

财务信息系统的深度融合不仅提高了财务管理的效率，还增强了企业对市场变化的应变能力。例如，在市场需求波动较大的行业中，企业可以通过实时分析市场数据和生产数据，快速调整业务计划和资源配置，确保企业能够快速响应市场变化，提升企业的市场竞争力。财务与业务的紧密结合使企业能够在复杂多变的市场环境中作出更加灵活、及时和科学的决策，从而确保企业在激烈的竞争中占据优势。

第二节　大数据技术在财务信息系统中的集成

一、数据源的整合

（一）多源数据的融合挑战

1. 数据源异构性问题

（1）不同系统的数据结构差异。企业的不同业务系统中，财务系统和运营系统（如客户关系管理系统 CRM、企业资源计划系统 ERP、供应链管理系统

SCM 等）处理的数据格式和结构往往各不相同。财务系统通常遵循会计科目体系和标准的账务数据模型，而其他业务系统则关注客户、销售、采购、生产等各个环节的具体数据。例如，CRM 系统中的客户数据通常包括客户行为、购买偏好等信息，这些数据结构与财务数据（如账单、付款记录、税务信息等）完全不同。而 ERP 系统中的数据涉及采购、库存、生产调度等，通常采用与财务数据不同的组织方式，可能包括库存单位、采购周期、生产计划等信息。因此，在将这些数据源进行对接时，如何确保这些数据能在格式和结构上保持一致，是大数据平台对接的首要问题。

（2）统一数据标准的困难。除了数据结构的差异，企业中的各业务部门往往还会采用不同的命名规范和分类标准。例如，财务部门的“资产”定义可能与销售部门所用的定义不完全一致，或者在同一个系统内不同部门可能会对同一指标（如销售额、成本、利润）采用不同的计算方法和时间维度。这种标准化问题使跨部门的数据整合和分析变得更加复杂。特别是在企业引入大数据分析时，这些数据的不同标准和定义可能导致分析结果的偏差，进而影响决策的准确性。

（3）数据源异构性对大数据应用的影响。数据源异构性不仅影响数据的存取效率，还影响数据分析的质量和可操作性。在大数据平台上，只有确保数据的统一性和一致性，才能实现数据的有效分析和预测。例如，在进行财务预算编制时，如果销售数据、采购数据、生产数据等未能通过统一的数据模型进行标准化处理，财务部门将无法有效地利用这些数据进行横向和纵向的综合分析。结果，财务决策可能会因数据的误差和偏差而受到影响，降低决策的准确性和及时性。

2.ETL

（1）ETL 的定义与重要性。ETL（Extract-Transform-Load，抽取—转换—加载）是从多种数据源中抽取数据，经过清洗、转换、格式化后，最终将数据加载到统一的数据库或数据仓库中的处理过程。ETL 技术在解决企业不同数据源异构性问题中发挥了至关重要的作用。通过 ETL，企业可以将来自不同业务系统的财务数据、销售数据、市场数据等整合到同一个平台，并进行一致性处理，为决策分析提供统一的数据基础。

（2）数据抽取。数据抽取是 ETL 的第一步，指的是从不同的数据源中提取数据。这些数据源包括财务系统、ERP 系统、CRM 系统、SCM 系统等。抽取数据的目的是将企业内部不同系统中的相关数据集成到一个统一的数据库中。通过抽取，企业能够将这些数据集中，消除不同系统之间的隔阂，为后续的分析作准备。数据抽取的过程需要保证数据的完整性，避免数据丢失或重复，并确保抽取的数据符合企业的分析需求。

（3）数据转换。数据转换是 ETL 的核心阶段，涉及对从各个数据源中抽取出的数据进行清洗、处理和转换，以符合统一的数据格式和标准。转换过程可能包括多项操作，如数据类型转换、单位统一、缺失值填补、重复数据删除等。企业还需要根据不同业务需求将数据进行整合，进行分类汇总和分组操作。例如，财务数据可能需要与销售数据、库存数据进行联接，以便进行成本分析和预算预测。此阶段是确保数据整合质量的关键步骤，也是大数据分析能够产生价值的保障。

在进行数据转换时，企业需要特别关注跨部门的数据差异问题。例如，在销售部门和财务部门之间可能存在不同的收入确认标准，如何通过 ETL 技术统一这些标准，使数据在财务分析中可比性强，是一个需要重点解决的难题。

（4）数据加载。数据加载是 ETL 的最后一步，即将经过转换处理的数据加载到数据仓库或数据平台中。加载后的数据可以用于进一步的数据分析、报告生成和决策支持。在这一阶段，企业需要确保数据的及时性和完整性。特别是在大数据平台上，实时数据加载成为企业财务系统和运营系统的关键环节。例如，企业可以实时加载最新的财务数据、市场数据、生产数据等，确保数据分析的时效性和准确性。此外，数据加载时还需要考虑如何避免因数据量过大而导致的性能瓶颈，确保系统能够高效处理和响应用户的查询和分析需求。

（5）ETL 工具和技术的应用。为了实现高效的数据集成，企业可以使用多种 ETL 工具和技术，如 Apache Nifi、Informatica、Microsoft SSIS 等。这些 ETL

工具能够帮助企业自动化数据抽取、转换和加载过程，减少人工干预，提高数据处理效率。例如，Apache Nifi 是一种强大的数据流管理工具，能够支持复杂的数据流转，自动执行数据抽取、转换和加载任务，并支持数据的实时流处理。这类工具的应用，使大数据平台可以高效处理多源异构数据，确保数据的质量和一致性，从而为企业的财务管理提供可靠的决策支持。

（二）数据统一与标准化

为了确保大数据平台能够与财务信息系统顺畅对接，企业需要对各类数据进行统一和标准化。这不仅涉及数据格式的统一，还包括对不同系统中采用的会计准则、财务报表结构、税务信息等内容的标准化处理。企业可以通过制定统一的业务数据标准、分类和术语库，以确保数据在不同系统中的一致性。例如，财务系统中的资产负债表、利润表、现金流量表等财务报表结构，需要与 ERP 系统中的库存、销售数据相匹配，以便进行全面的财务分析和数据对接。通过大数据平台，企业不仅可以集中管理财务数据，还能够让财务部门和其他业务部门共享实时数据。这种跨部门的数据共享为决策者提供了更为广泛的信息源，帮助他们作出更为全面、精准的决策。

二、实时数据流的处理

（一）大数据平台的实时数据处理能力

与传统财务信息系统相比，大数据平台的实时数据处理能力为企业提供了前所未有的优势。大数据平台采用先进的数据流处理技术，如 Apache Kafka、Apache Flink 等，这些技术能够实时收集、处理和分析来自企业各个部门和外部环境的数据流。数据不再是静态存储，而是动态流动，并能在生成的几乎同时进行分析，极大提高了数据的时效性和决策的反应速度。在资金流动管理方面，企业通过大数据平台能够实时监控现金流量，分析各项支出、投资回报、资金调度等信息。通过实时获取资金的流入和流出情况，企业能够快速识别资金链紧张的风险，并及时作出资金调整决策。如果某一项支出超出了预期，或者有可能导致资金短缺，管理层可以立即作出预警并采取相应的应对措施。这种实时的资金监控使企业能够避免资金链断裂等严重财务风险，从而保障企业的正常运营和资金的健康流动。在销售和采购管理方面，大数据平台的实时数据流处理能力能够根据市场需求的变化和库存水平的波动，动态调整预算和采购计划。传统财务系统往往只能依据过去的数据制订下一阶段的计划，而大数据平台通过实时的市场信息、客户需求预测和供应链动态，使企业能够根据当前的数据进行即时调整。例如，零售行业中的企业可以通过大数据实时分析消费者的购买行为、季节性需求变化以及促销活动的效果，来调整库存计划和采购策略。这种灵活、迅速的响应机制确保了企业能够高效运作，避免了库存积压或供应短缺的情况。

（二）实时决策支持

大数据平台的实时数据流处理能力使财务信息系统可以为企业提供及时的决策支持。这种能力不仅使企业在日常运营中对市场变化能够迅速反应，还使企业在遇到突发事件时能够快速采取行动。通过实时数据的获取和分析，企业可以快速识别财务状况、业务表现和市场趋势等变化，并在最短时间内作出相应的调整和决策。例如，在季节性销售高峰期，企业需要根据实时的销售数据分析来决定生产计划、营销预算和资金分配。通过实时监控销售数据，企业可以识别哪些产品的销售增长超出预期，从而动态调整库存水平、生产进度和物流安排，以保证在需求高峰期间满足市场需求。通过大数据平台的实时决策支持，企业能够快速应对市场需求变化，减少资源浪费，优化资源配置，并确保销售目标的顺利达成。实时数据流的处理还增强了企业应对突发事件的能力。市场经济往往面临各种不确定性，如自然灾害、疫情等突发事件，这些因素可能对供应链、生产计划、消费者需求等方面产生重大影响。在这种情况下，传统财务管理系统由于数据更新滞后，难以提供及时有效的决策支持。而大数据平台的实时数据流处理能力使企业能够在突发事件发生时迅速获取市场变化的数据，并根据这些数据快速调整财务预算、资金调度、生产计划等，确保企业能够在困境中快速恢复并稳定运营。

第三节　基于大数据的财务信息系统架构设计

一、大数据架构设计的核心要素

（一）数据采集层

1. 传统财务系统的数据采集

在传统财务管理模式中，数据采集通常依赖人工输入、定期上传的财务报表以及系统之间简单的数据传输方式。由于传统财务系统大多数以静态报表和手工操作为主，数据采集的过程通常是周期性的，如月度、季度或年度报表的生成。这种采集方式不仅限制了数据的实时性，还容易因为人为因素导致数据的误差和遗漏。特别是在多部门、多系统协作的企业环境中，财务数据往往无法与销售、采购、库存等其他业务模块的数据实时对接，从而使决策层无法获取到完整、及时的业务数据，影响财务分析的精准性和时效性。

在传统财务管理系统中，数据采集通常以人工录入和手动上传为主，信息的采集过程相对较为缓慢。财务人员常常依赖人工数据录入，将来自其他系统的数据转化为财务系统所需的格式。这不仅增加了工作负担，也容易因为人为操作的失误或延迟导致数据错误。尤其是在复杂的报表生成过程中，可能会存在数据传递滞后或错漏的现象，影响了整个财务管理的效率。例如，手动处理销售数据、库存数据或生产数据时，可能因疏忽或时间紧迫而导致数据的遗漏或延迟更新，从而导致管理层无法及时掌握企业的运营状况。由于传统财务管理系统的这种数据采集方式缺乏灵活性和实时性，企业的财务管理效率和决策能力都会受到一定影响。

传统财务管理系统中的数据采集主要依赖人工操作和周期性的报表汇总，这种方式无法满足现代企业对实时数据和全面数据整合的需求。随着全球商业环境的快速变化和企业运营的多元化，传统数据采集方式的滞后性和误差率已经成为制约企业快速反应和精准决策的重要因素。企业在面对市场变化时，往往无法迅速获得最准确的财务数据，影响了决策的时效性和竞争力。

2. 大数据系统的数据采集

相比传统财务管理系统，大数据系统在数据采集方面具备明显的优势。大数据架构采用分布式的数据采集技术，可以从各类数据源中实时获取多维度的信息，包括来自市场、消费者行为、社交媒体、供应链等外部数据源的动态数据。这些数据不仅包括传统的财务数据，还涵盖了运营、市场和客户行为等多方面的数据，从而为企业提供了全面的决策支持和分析基础。大数据平台的核心在于其能够实时捕获和处理流动数据，这种实时性大大提升了企业对市场和业务动态的反应速度，增强了财务决策的灵活性和精准度。

大数据平台的数据采集层通常依赖先进的数据流处理技术，如 Apache Kafka、Apache Flink、Apache Storm 等，这些技术能够实时从各个数据源采集数据并进行处理。这些分布式数据采集技术支持从不同来源（如 ERP 系统、CRM 系统、社交媒体、传感器、交易平台等）获取实时数据。这些数据在经过实时分析和处理后，立即提供给企业管理者，帮助其及时掌握企业运营状态、资金流动、市场波动等关键信息。例如，企业通过大数据采集平台能够实时监控各项财务数据，包括现金流、账户余额、支出情况等，并与生产、销售、库存等相关业务数据进行结合，形成一个完整、实时的企业运营数据视图。这使企业能够作出实时反应，及时调整资金调度、资源分配和预算安排。另外，大数据采集平台的优势还在于它能够处理和分析来自多个数据源的非结构化数据。传统财务管理系统主要处理结构化数据（如会计凭证、财务报表等），而大数据技术则能处理包括日志文件、社交媒体评论、传感器数据等在内的非结构化数据。这种跨领域、多维度的数据集成能力，使企业能够获取全面的运营信息，进而更加精准地预测未来的财务需求、市场需求和潜在的财务风险。例如，通过分析消费者的社交媒体反馈、购买行为和评价，企业可以更好地预测未来的市场趋势，及时调整库存计划和生产计划，避免生产过剩或库存短缺带来的财务压力。

大数据平台的实时数据流采集能力，不仅能够确保数据的实时性，还能够进行数据的清洗、转化和格式化，确保数据的质量和一致性。随着数据采集技术的不断进步，企业不仅能够获取多源数据，还能够对这些数据进行统一的处理和分析，从而为财务决策提供准确、全面的支持。

在大数据架构中，数据采集层通过实时捕获来自各类系统和外部环境的数据，消除了传统财务管理系统中的数据滞后和“信息孤岛”问题。企业通过数据采集层能够全面、实时地监控各项运营数据，不仅能够满足财务管理的需求，还能够提高企业整体的运营效率和决策能力。借助大数据技术，企业能够更好地应对市场变化和财务风险，提高决策的灵活性和精准性，从而增强企业的市场竞争力。

（二）数据存储层

1. 传统数据存储

在传统财务管理系统中，数据存储通常依赖关系型数据库（RDBMS）来存储和管理数据。关系型数据库以表格形式存储数据，数据以行和列的方式组织，通过 SQL 查询语言对数据进行操作。这种结构化的存储方式非常适合于存储标准化的财务数据，如会计凭证、账单、发票、利润表、资产负债表等，它能够提供高效的数据查询和事务管理功能。然而，传统的关系型数据库在应对大规模数据存储时，常常表现出性能瓶颈。特别是在财务数据增长速度迅速，且需处理大量的事务和报告时，关系型数据库的扩展性较差，且难以支持大数据分析所需要的快速存取和实时查询。例如，财务报表的生成往往需要从多个表中获取数据，并进行复杂的连接和计算，这在关系型数据库中往往会面临查询性能下降的问题。此外，传统数据库也主要设计用于存储结构化数据，而现代企业的数据结构不仅包括结构化数据，还涉及大量非结构化数据（如合同文件、电子邮件、社交媒体数据等），这使传统数据库在存储和管理非结构化数据时显得不足。

传统数据存储的另一个问题是它在处理海量数据时的可扩展性。关系型数据库需要进行垂直扩展，即增加更高性能的硬件资源，而这种方式的成本较高，并且随着数据量的增加，性能提升有限。再者，随着全球化业务和多样化数据源的需求增加，传统的关系型数据库往往面临数据存储的孤岛化问题，企业无法有效地整合来自不同系统的数据进行集中存储和统一分析。因此，传统数据存储方式逐渐难以满足现代企业大规模、多样化数据存储和处理的需求，尤其是在面对快速发展的大数据技术时，传统的存储方案面临诸多挑战。

2. 大数据存储系统

大数据架构通过分布式存储技术和云存储解决了传统数据存储系统中的许多问题。随着大数据技术的广泛应用，企业财务信息系统逐渐采用分布式文件系统和列式存储，这些技术能够处理海量的数据并实现高可用性、容错性和可扩展性。

（1）Hadoop 分布式文件系统（HDFS）。HDFS 是大数据存储中的核心技术之一。它将数据分布存储在多个节点上，通过数据复制和容错机制，确保数据的高可用性和安全性。HDFS 具有极高的容错能力，能够在个别节点发生故障时，通过其他节点的数据副本进行数据恢复。这使 HDFS 特别适合存储大规模数据，如财务数据中的历史交易记录、银行账户数据、资产负债表数据等。

HDFS 的优势在于它能够以较低的成本横向扩展存储容量。随着数据量的不断增长，企业可以通过增加更多的存储节点来扩展存储空间，而不必依赖单一节点的性能提升。这种分布式存储方式大大提升了企业对海量数据的管理能力，尤其是财务数据的存储和检索，能够更好地满足实时数据访问和大数据分析的需求。HDFS 还能够存储多种类型的数据，包括结构化数据、半结构化数据和非结构化数据。例如，财务信息系统可以将来自不同源的数据（如交易数据、客户行为数据、日志文件、社交媒体数据等）统一存储，帮助财务部门获得一个更加全面的数据视图，进而支持多维度的财务分析和决策。

（2）列式存储（如 HBase、Cassandra）。列式存储是大数据存储的另一种重要方式，与传统的行式存储（如关系型数据库）相比，列式存储能够更加高效地处理大规模数据的查询。特别是在大规模财务数据存储和检索中，列式存储能够提高数据查询效率，提升财务数据的处理能力。

HBase 是一种开源的、分布式的列式存储数据库，广泛应用于需要高效存取海量数据的场景，能够在大数据环境下提供快速的随机读写能力。在财务信息系统中，HBase 能够存储海量的财务交易记录，支持快速查询和实时更新。例如，企业可以使用 HBase 存储客户交易数据，并根据客户的购买历史、付款情况、信用评级等信息进行实时的财务分析。HBase 的列式存储特性使它在处理大规模数据时比传统关系型数据库更具优势，尤其在数据分析过程中，能够提高查询效率，减少计算负载。

Cassandra 是一种流行的列式数据库，适合处理分布式环境下的大规模数据存储和快速查询。在财务信息系统中，Cassandra 可以帮助企业处理全球范围内的财务数据，确保数据高效、快速地存储和访问。Cassandra 的设计重点是高可用性和扩展性，能够在多个节点和地理位置分布的数据中心之间实现数据同步和容错，使财务信息系统能够处理更多的数据请求和更高的数据访问量。

（三）数据处理层

1. 批处理与流处理

在传统财务管理系统中，数据处理通常采用批处理的方式。这意味着，企业每隔一段时间（如每月或每季度）收集一段时间内的数据，统一进行汇总、计算和分析，然后生成报告。这种方式的优点在于结构简单，数据处理过程可以通过定期的操作和维护完成，适用于固定的财务周期和数据更新需求。然而，随着现代企业经营环境的日益复杂，尤其是在快速变化的市场环境中，传统的批处理方式显得力不从心。批处理方式存在的主要缺点包括数据更新滞后，处理周期长，无法及时反映财务状况的变化，且对实时决策的支持不足。

在大数据架构中，流处理技术的引入解决了批处理的这些局限。流处理指的是对数据进行实时、持续的处理，以确保企业在操作过程中能够及时获得最新的数据。这些实时数据通过流式计算进行即时处理和分析，使财务管理部门能够在第一时间了解资金流动、收入支出、投资回报等关键财务信息，并基于这些数据作出灵活的决策。

流处理技术（如 Apache Kafka、Apache Flink、Apache Storm 等）通过分布式计算能力，使企业能够实时处理大量并发的数据流。例如，在财务数据监控中，企业可以实时跟踪每一笔交易、资金流动或采购付款，确保资金链的健康。流处理技术特别适用于需要快速响应和动态调整的场景。例如，在现金流管理中，通过实时监控企业的收支状况，流处理技术能够及时识别资金短缺的风险，从而为财务决策提供实时支持。

流处理的优势还在于其对数据处理过程的实时性和精准性要求较高，它能实时分析各类事件，处理实时传输过来的数据流，并生成即时反馈。这使企业能够对各种突发事件迅速作出反应，优化财务资源配置，减少潜在的财务风险。

2. 数据清洗与转换

在大数据环境下，企业从多个数据源（如销售数据、客户行为数据、供应链数据、外部市场数据等）中获取的数据往往是复杂且杂乱无章的。这些数据通常存在缺失值、重复项、格式不一致和噪声数据等问题，直接应用这些数据进行决策分析可能会导致不准确的结论。因此，数据清洗和转换是确保数据质量的关键步骤。

数据清洗是将这些原始数据转化为有用信息的基础。数据清洗的目标是去除无用数据、填补缺失值、修正错误数据、标准化格式以及处理重复项等。这一过程能够有效提高数据的准确性和完整性。例如，在财务信息系统中，企业可能从不同的部门（如销售、采购、库存管理等）获取财务数据，而这些数据往往采用不同的标准和格式。通过数据清洗，企业可以确保不同来源的数据在统一的标准下进行存储和分析。

在大数据架构中，ETL 工具通常用于数据清洗和转换。ETL 工具通过提取数据、转化数据格式、标准化（如将不同的数据格式转换为统一的结构），并最终加载到数据仓库或其他存储系统中，为后续分析提供干净、统一的数据源。ETL 使企业能够集中管理不同来源的数据，消除数据之间的格式差异，确保各类数据能够在统一的平台上进行综合分析和比较。

数据清洗不仅是数据格式化，还需要结合行业标准和企业特定的业务需求来定义清洗规则。例如，在财务数据中，收入、支出、应付账款和应收账款等财务数据项的处理可能会受到不同业务部门定义的影响。通过数据清洗，企业可以确保所有财务数据能够与业务系统进行无缝对接，进一步优化财务分析的准确性。此外，数据清洗还包括识别和修复异常值。例如，修正未及时更新的交易记录、去除重复的采购订单等。

数据转换是一个关键环节。在企业财务信息系统中，数据转换通常涉及不同数据格式的统一、单位转换、数值校正等。例如，不同国家和地区的财务数据可能采用不同的货币单位，数据转换能够统一货币单位，从而确保不同地域的财务数据在全球范围内统一并具备可比性。在实时数据流的处理中，数据转换尤其重要，因为实时数据往往来自不同的渠道和系统，这些数据的格式和结构各异，转换过程是确保数据能够有效整合的前提。

数据清洗和转换的最终目标是为财务分析和决策提供可靠的数据支持。只有通过高质量的数据清洗和转换，企业才能避免因数据错误而产生的财务风险，提高财务分析的准确性和决策的有效性。通过这些处理技术，企业能够实现对多元数据源的整合，从而为下一步的数据分析和实时决策提供更为精确的数据基础。

（四）数据分析层

1. 数据挖掘与统计分析

数据挖掘技术是财务信息系统中重要的分析手段之一，它通过深入分析大量的历史数据，帮助企业发现数据中隐藏的规律和趋势。在财务管理中，数据挖掘主要应用于识别影响企业财务状况的关键因素，如销售收入的变化、成本控制的难点、资金流动的瓶颈等。通过这些分析，财务部门能够准确识别出哪些因素对企业财务健康起到了至关重要的作用，从而能够有针对性地调整财务决策，优化预算编制，调整资金分配策略。例如，企业可以使用聚类分析来识别客户群体、销售渠道、产品类别等方面的规律，进而对市场需求进行更精确的预测。通过对客户购买行为的深入分析，企业能够找到哪些因素（如促销活动、季节性需求、产品特性等）影响了销售额的波动，从而在未来的财务规划中作出相应的调整。数据挖掘技术还能够帮助财务部门发现资金流动中的潜在问题，如客户欠款的回收情况、供应链中的资金占用等，提前为财务决策提供有力支持。

传统的统计分析方法，如回归分析和时间序列分析，依然在财务决策中占据着不可替代的地位。回归分析能够帮助企业识别变量之间的关系，如销售额与广告支出、生产成本与产品定价等之间的关系，进而作出科学合理的预算调整。时间序列分析则是财务部门用于预测未来财务状况的重要工具。通过对历史财务数据（如月度销售额、季度成本支出等）的趋势分析，企业能够识别出周期性波动，并预测未来的收入、支出等财务指标，从而制订出更加合理的财务计划。

2. 机器学习与人工智能

随着机器学习和人工智能技术的不断发展，它们已成为现代财务信息系统中重要的分析工具。机器学习和人工智能的引入，使财务预测不再依赖单一的静态模型，而是能够通过动态学习、调整和优化预测模型，实时适应不断变化的市场和经营环境。相比传统方法，机器学习和人工智能能够提高预测的精度和灵活性，帮助企业在复杂的市场中作出更加精准和及时的决策。

机器学习技术可以从大量的历史数据中自动学习并总结规律。通过对销售数据、客户行为、市场波动等进行建模，企业能够预测未来的收入、库存需求、生产计划等。这些预测不是依赖简单的历史数据回溯，而是通过综合考虑多重因素（如市场趋势、季节性波动、宏观经济变化等），从更广泛的数据中寻找潜在的关联和模式。以销售收入预测为例，机器学习可以通过分析历史销售数据、产品生命周期、客户需求趋势等多个维度的数据，得出更为准确的未来销售预测。这使企业能够对未来的市场需求进行科学预判，合理安排生产和库存，避免过度生产或缺货现象的发生。

人工智能技术，特别是深度学习技术，在财务管理中的应用逐渐显现出巨大的潜力。人工智能算法可以根据历史数据和实时数据的不断输入，动态调整预测模型。例如，在零售行业，人工智能可以通过实时分析市场动向、消费者购买行为、社交媒体反馈等，预测节假日的消费模式、促销活动的效果等，进而制订出合理的营销策略和库存管理计划。人工智能技术的优势在于其高度的自动化能力，能够在短时间内处理大量数据并作出决策，减少了人工干预的误差，且预测的精度远远超过传统方法。

机器学习和人工智能的结合，使财务信息系统能够实现自我优化的能力。通过不断学习新的数据，人工智能和机器学习模型能够自动更新和调整，以适应市场、经济和企业本身的变化。这种动态适应能力，使企业在快速变化的市场环境中，能够随时根据新数据进行预测和决策。与此同时，人工智能和机器学习能够深入分析大量的非结构化数据，如社交媒体上的消费者评论、产品评价等，从而为企业提供更全面的市场洞察，进一步完善企业的财务决策。

（五）数据可视化与决策支持层

1. 可视化仪表盘

可视化仪表盘是数据可视化层的重要组成部分，广泛应用于财务信息系统中，能够实时展示企业的财务状况和关键业绩指标。与传统的财务报告相比，仪表盘能够将大量复杂的财务数据通过图形和图表的方式呈现出来，使财务管理人员能够在短时间内捕捉到关键财务信息，并作出决策。例如，企业可以通过仪表盘实时查看收入、支出、利润、现金流、应收账款、库存水平等指标的变化趋势。这些关键财务指标的变化趋势一目了然，可以帮助管理者快速评估企业的财务健康状况。

一个典型的可视化仪表盘通常由多个模块组成，每个模块专注于不同的财务领域。例如，现金流模块展示资金的流入和流出情况，利润和损失模块显示企业的经营结果，资产负债模块则展示企业的债务和资产状况。通过这些模块的结合，仪表盘可以帮助决策者进行实时监控和分析，为企业运营提供即时反馈。财务人员可以通过仪表盘快速识别异常指标，发现潜在问题并及时调整策略。例如，若在仪表盘中看到现金流短缺的警告，财务人员可以立即采取措施，如优化支出、调整资本支出或提前融资。这种实时反馈机制大大提升了决策的时效性和精准性，使企业能够及时响应市场和经营环境的变化。同时，仪表盘的交互性功能（如数据筛选、时间范围选择等）也使管理者能够深入分析数据，获得更加具体和细致的信息支持，进一步优化决策过程。

2. 预测分析报告

大数据平台的强大数据处理和分析能力，使企业能够基于历史数据和实时数据生成预测分析报告，为管理层提供对未来趋势的洞察。预测分析报告通过对数据的深入分析，帮助决策者了解潜在的市场变化、财务波动、资金需求等方面的未来走向。这些报告不仅能够反映当前的财务状况，还能为未来的战略决策提供科学依据，帮助企业做好规划和调整。例如，企业可以根据大数据分析报告，评估不同市场情境下的财务状况，识别未来可能发生的风险和机会。报告可以通过多种预测模型（如回归分析、时间序列分析、机器学习算法等）进行生成，对未来的收入、支出、现金流等财务指标进行预测，提供更为精准的财务规划。例如，零售行业可以通过预测分析报告评估节假日促销活动的效果，并根据预测的需求变化，调整库存和营销预算；生产型企业则可以通过预测原材料价格和生产成本的波动，优化采购和生产计划，确保生产过程中的资源高效利用。

预测分析报告的优势在于其前瞻性，能够帮助企业预判未来的变化趋势，并提前为潜在的挑战做好准备。这些报告通过详细的数据支持和图表展示，帮助决策者深入理解预测结果，为未来的战略决策提供可操作的建议。报告也可以帮助企业评估现有战略的有效性，识别存在的不足，并根据预测的变化调整企业战略。例如，若报告显示市场需求减少，企业可以及时调整营销策略，减少生产过剩，并优化资源配置。

预测分析报告不是仅停留在静态展示，它与可视化仪表盘的结合，还可以为管理者提供更加全面和动态的财务决策支持。通过实时的数据更新，企业能够快速响应市场变化，并及时作出调整，确保财务资源的合理配置与企业目标的对接。随着机器学习和人工智能等技术的发展，预测分析报告的准确性和可靠性将进一步提升，使企业的决策更加科学、高效。

二、大数据架构设计的技术架构

（一）分布式计算架构

1. Hadoop 生态系统

Hadoop 作为一个开源的大数据框架，已被广泛应用于分布式存储和计算。Hadoop 的设计旨在处理海量数据，并在成本效益上具有显著优势，特别适用于大规模的批量数据处理。在 Hadoop 架构中，核心组件包括 Hadoop 分布式文件系统（HDFS）和 MapReduce 计算框架。

HDFS 是 Hadoop 生态系统的核心组件之一，旨在处理海量数据的存储问题。它采用分布式存储方式，将数据分成多个块，并将这些数据块复制到多个节点上进行存储。这种方式不仅能够大幅提升数据的存储容量，还能通过冗余存储保证数据的高可用性和容错性。HDFS 可以帮助企业高效存储和管理来自不同业务模块（如销售、采购、生产、库存等）的财务数据。例如，财务数据、交易记录、客户信息等都可以通过 HDFS 进行存储，确保企业可以处理来自不同业务单元的海量数据。

MapReduce 是 Hadoop 生态系统中的一个分布式计算框架，它通过将任务分成 Map（映射）和 Reduce（归约）两个阶段，利用并行计算提升数据处理速度。在 Map 阶段，Hadoop 将大规模数据集划分成多个子集，并将每个子集分配给不同的计算节点进行独立处理；在 Reduce 阶段则对这些计算结果进行合并和总结，得出最终的处理结果。对于财务信息系统而言，MapReduce 非常适合进行大规模的批量数据分析，如每月的财务报表、利润分析、成本统计等。通过 MapReduce 框架，企业能够处理和分析历史财务数据、税务报表、收入支出状况等大数据集，优化预算和财务分析，提高决策支持的效率。

尽管 Hadoop 在批量处理和海量数据存储上具有优势，但其相对较低的实时性使其在某些业务场景中的应用受到限制。对于需要快速响应和实时处理的财务数据，Hadoop 的处理速度较为缓慢，可能无法及时提供所需的数据分析结果。

2. Spark 处理框架

相比于 Hadoop，Apache Spark 在实时处理和数据计算速度上具有显著优势。Spark 是一个开源的分布式计算框架，设计初衷是解决 MapReduce 在处理大规模数据时的性能瓶颈。在对延迟要求较高的场景下，Spark 的表现更为突出。Spark 能够在内存中进行数据计算，避免了大量磁盘 I/O 操作，显著提高了数据处理的速度，这使其在实时数据流处理和数据挖掘任务中表现尤为出色。

Spark 的一个核心优势是内存计算，它可以将数据加载到内存中进行计算，从而大大加快了数据处理速度。相比于 Hadoop 需要频繁地将中间结果写入磁盘，Spark 通过内存计算可以实现更高效的计算和更低的延迟。这对于财务数据的实时计算尤为重要，如实时监控资金流动、实时预测市场趋势和消费者行为等。企业可以通过 Spark 处理来自各种业务系统的实时财务数据，为决策层提供实时的数据支持。实时监控现金流和利润波动、调整库存策略、预测销售收入等，都可以通过 Spark 来实时计算和分析，帮助企业迅速响应市场变化。

Spark 引入了弹性分布式数据集（RDD）作为数据的基本抽象。RDD 使数据在多个计算节点上分布式存储和处理，同时支持内存中的数据共享。RDD 的弹性特性使它在处理大规模数据时，能够更好地容忍节点故障，并确保数据的高可用性和高可靠性。在财务数据分析中，RDD 可以支持复杂的计算任务，如多维财务分析、税务优化、现金流预测等，同时保持高效和灵活性。

Spark 不仅支持批量数据处理，还支持实时流处理（Stream Processing）。Spark Streaming 是 Spark 的一个重要模块，专门用于实时数据流的处理。通过 Spark Streaming，企业可以实时处理从各种业务系统中传输过来的数据流。例如，企业可以实时分析销售数据流，预测即将到来的资金流动需求，并据此调整财务决策。对于财务部门来说，能够通过实时分析预测未来的资金需求、利润变化等，是提高决策效率和响应速度的关键。

（二）云计算架构

1. 云计算服务模式与财务信息系统的集成

在财务信息系统中，云计算的服务模式为系统的部署和运行提供了灵活的选择，能够根据企业规模和业务需求，实现资源的按需分配和高效调配。

IaaS（基础设施即服务）服务模式为企业提供了基础的计算和存储资源，如虚拟化的计算机、存储空间和网络连接。通过 IaaS，企业可以避免传统信息技术基础设施建设和维护所带来的高昂成本，同时获得高可用性和弹性扩展能力。在财务信息系统的应用中，IaaS 可以用来搭建财务数据库、存储大规模的历史财务数据、管理备份和灾难恢复等。企业无须投资物理服务器，只需根据需要购买所需的计算和存储资源，确保财务数据的安全存储与访问。

PaaS（平台即服务）模式提供了构建、部署和管理财务应用程序的平台。企业可以使用 PaaS 来构建定制的财务管理系统或开发新的财务分析工具。例如，企业可以使用 PaaS 平台创建和优化预算管理、资金调度、成本控制等模块，实现财务信息系统的定制化和智能化。PaaS 不仅为企业提供了开发环境，还通过自动化管理、操作系统支持、数据库和中间件服务，简化了财务系统开发和维护的复杂性。财务部门能够利用 PaaS 平台快速开发应用，缩短系统部署时间，提高财务管理效率。

SaaS（软件即服务）模式为企业提供现成的财务管理应用，无须自建和维护复杂的系统基础架构。企业通过互联网即可访问这些软件，如财务报表生成、税务计算、预算控制和资产管理等常见的财务管理功能。SaaS 模式使企业能够快速实现财务信息化，尤其对于中小型企业，SaaS 服务降低了财务软件的获取和运营成本。同时，企业能够利用 SaaS 平台获得自动更新、版本升级和技术支持，确保财务信息系统的持续优化。

2. 数据仓库与实时数据流处理

在财务信息系统中，数据仓库和实时数据流处理的结合为财务决策提供了全面的支持。数据仓库负责存储结构化的历史财务数据，而实时数据流则确保企业能够及时获取和处理来自不同业务环节的动态数据。这两者的有机结合，使企业能够获得精准的财务预测、实时的资金监控和灵活的财务决策支持。

数据仓库是企业财务信息系统中的核心组件之一，主要用于存储清洗后的历史数据。数据仓库通常使用专门的存储技术（如列式存储）来优化数据存储和查询速度。对于财务信息系统来说，数据仓库能够将来自不同系统和部门的数据进行汇总和存储，为财务分析、报告生成和长期数据趋势分析提供支持。例如，企业可以通过数据仓库查看过去几年的收入、支出、税务信息、利润波动等数据，帮助财务管理层进行战略规划和预算调整。

企业可以使用现代数据仓库技术来构建高效的存储和查询平台，支持大规模数据分析。数据仓库通过将财务数据进行结构化存储，使企业能够快速生成各种财务报表，进行利润分析、成本核算等。数据仓库的最大优势在于支持对大规模历史数据的高效存储和快速查询，可以帮助企业财务部门进行长期的趋势分析和历史数据回顾。

实时数据流处理技术为财务信息系统提供对动态数据的即时反应能力。传统财务信息系统通过周期性报表来反映企业的财务状况，但这些报表的生成通常存在滞后性，无法及时响应市场变化。而通过实时数据流处理，企业能够实时获取来自销售、采购、库存、客户等部门的数据，并对这些数据进行实时分析。例如，在资金管理中，企业可以通过实时监控现金流量、资金收入和支出等动态信息，及时发现潜在的资金风险，进行调整和预警。

实时数据流处理技术使企业能够动态接收和处理大量实时数据流，这对于需要即时决策和快速响应的财务管理场景至关重要。通过实时分析销售数据、市场需求和库存状态等信息，财务部门可以及时调整资金调度、优化预算分配，从而提高财务管理的灵活性和准确性。

通过将数据仓库和实时数据流处理相结合，企业财务信息系统能够更好地支持多维度的财务分析和即时决策。例如，企业可以通过数据仓库分析过去的财务数据，并结合实时数据流分析当前的市场趋势、生产进度和资金状况，从而对未来的资金需求和财务状况作出精准预测。这种多层次的数据处理能力，帮助企业实现了更加科学的财务管理，提升了应对市场波动和突发事件的能力。

第七章　大数据背景下的财务管理风险与挑战

第一节　大数据带来的财务风险

一、数据质量问题

（一）数据来源的多样性与复杂性

大数据技术为企业提供了前所未有的数据收集能力，使企业能够从各个渠道获取大量的信息。这些信息既包括结构化数据，如财务报表、销售记录、库存数据，也包括非结构化数据，如社交媒体的用户评论、新闻报道、传感器数据等。随着数据来源的多样化，企业能够在财务管理中使用更多维度的数据来支持决策，提供更加全面和深入的分析。然而，多源数据带来了数据格式不一致、标准不统一的问题。传统的财务数据通常存在严格的格式和结构要求，而大数据的非结构化数据则可能存在各种各样的形式，且来源繁杂。例如，社交媒体内容包含大量自由文本信息，需要通过文本分析和自然语言处理技术来提取有用的信息，而这些信息并不遵循财务报表中的标准结构。此外，不同的业务系统、部门之间使用的数据格式和结构可能也不尽相同，导致数据整合时可能遇到数据缺失或字段不一致的问题。这种数据的异构性和分散性增加了数据清洗和整合的复杂性，企业需要通过强大的数据预处理和集成工具（如 ETL 工具、数据标准化工具等）来确保来自不同来源的数据能够顺利整合，形成可用的数据集。对于跨部门和跨系统的数据集成，企业需要投入更多的资源进行数据整合，确保在财务分析和决策过程中，所有相关数据能够在同一平台上交互和协作。最终，这些整合的数据将成为决策支持的重要基础，帮助管理层作出更加科学的财务决策。

（二）数据准确性与完整性的挑战

在大数据背景下，数据的准确性和完整性问题成为影响财务决策质量的重要因素。数据的准确性要求信息反映的是实际情况，且能够正确描述业务活动的性质和效果。数据的完整性则要求数据能够充分且无缺失地覆盖所有业务领域，否则会影响对整体财务状况的准确判断。然而，随着数据量的激增和数据来源的多样化，企业面临的准确性和完整性挑战更加复杂。例如，社交媒体中的评论和用户反馈虽然能够为企业提供客户需求和市场趋势的即时反馈，但由于信息的开放性和匿名性，这些数据可能包含虚假信息或误导性内容。某些竞争对手可能通过发布虚假的负面信息来影响企业形象，或者存在机器人产生的虚假评论，这些都会导致数据的不准确，影响财务分析的结果和决策。此外，数据采集过程中的技术问题或人为失误也可能导致数据的不准确或缺失。例如，在数据采集阶段，如果使用的传感器出现故障或错误设置，采集到的数据就可能存在偏差。尤其在财务系统与其他业务系统的数据集成过程中，系统接口不兼容、数据传输失败等问题，可能会导致数据丢失或部分数据无法及时更新，从而影响整体分析的结果。

二、模型误差与预测风险

（一）模型假设的局限性

在财务预测中，模型假设的准确性对于预测结果的可靠性至关重要。许多财务预测模型尤其是传统的统计模型，如线性回归、时间序列分析等，通常依赖一系列简化的假设条件。这些假设条件包括变量之间的线性关系、常数的波动性、独立同分布的假设等，目的是简化复杂的现实问题。然而，随着市场环境的变化，这些假设条件往往难以适应复杂的实际情况，进而影响预测结果的准确性和决策的科学性。例如，线性回归模型假设自变量与因变量之间存在线性关系，但实际情境中许多经济现象和财务指标的关系是非线性的。财务数据中往往存在着诸如非线性关系、非正态分布、波动性集聚等复杂特征。假设数据满足线性关系的回归模型可能无法捕捉到这种非线性模式，从而导致预测偏差。此外，传统模型常常假设外部环境在短期内不会发生剧烈变化。然而，市场波动性、政策变动、宏观经济状况等因素的突变可能对企业财务状况产生重大影响，而传统模型无法准确捕捉到这种动态变化。例如，在金融危机或突发的经济事件（如疫情、自然灾害等）期间，许多传统财务预测模型往往失效，因为它们没有考虑到外部突发因素对市场和财务状况的影响。

（二）过拟合与欠拟合问题

在大数据技术驱动下，财务预测模型的复杂度和精确度得到了显著提升，但也伴随着过拟合与欠拟合问题的出现。这些问题不仅影响了模型的性能，还可能导致预测结果的偏差和决策的失误。

1. 过拟合问题

过拟合是指模型在训练数据上表现良好，但在新的、未见过的数据上表现较差的现象。这是因为模型在训练过程中过度关注数据中的噪声和不规律性，导致它能够非常精确地拟合训练数据中的每个数据点，但无法概括出数据的普遍规律，无法有效应对实际环境中的变化。过拟合通常发生在模型复杂度过高、数据样本不足或数据质量不高的情况下。在财务预测中，过拟合可能导致模型对短期波动的过度反应。例如，如果企业使用大量历史数据进行预测，而模型过度拟合了某些特定的经济事件或市场异常（如一次性的大宗采购或季节性变化），则该模型可能无法有效预测未来正常情况下的财务表现，导致企业错误地进行预算调整或资源配置。这种过度依赖历史数据的模式可能会误导管理层，使财务决策失去灵活性。

2. 欠拟合问题

与过拟合相对，欠拟合是指模型过于简单，无法捕捉数据中的复杂规律。在财务预测中，欠拟合往往导致模型不能充分利用数据的潜力，表现为预测精度低，无法准确反映市场和企业运营的真实情况。例如，企业可能采用过于简单的线性模型来预测复杂的市场需求波动或者忽视了财务数据中的关键特征变量，导致预测结果存在较大偏差。欠拟合通常发生在模型选择过于简单、数据量过大或特征提取不充分的情况下。在大数据环境下，数据的复杂性和维度极大，传统的简单回归模型或线性模型可能无法充分捕捉到数据中的高阶非线性关系。尤其是在面对复杂的市场环境和多变的经济状况时，简化的模型无法真实反映财务数据的波动性和趋势。

三、决策失误的风险

（一）信息过载与决策复杂性

随着大数据技术的发展，企业能够访问大量的、形式多样的信息。这些信息不仅包括结构化的财务数据，如收入、支出、资产负债表等，还包括非结构化的外部数据，如社交媒体内容、消费者反馈、市场趋势和宏观经济因素。这种信息的多样性和海量性为决策提供了更多的视角和支持，理论上应当提升决策的科学性。然而，现实情况却常常相反，信息过载已成为现代企业决策中的一大难题。

信息过载的核心问题在于，虽然数据的增多看似为决策者提供了更多的信息支持，但实际上却可能让决策者无法有效筛选、分析和利用这些信息。面对大量的数据，管理者可能很难区分哪些数据是对当前决策至关重要的，哪些数据是无关紧要的。例如，企业可能收到关于市场动向的海量数据和关于供应链运作的复杂信息，而这些数据之间可能存在冗余或相互矛盾的情况。管理者如果没有有效的数据筛选和分析工具，便容易陷入"信息瘫痪"的困境，导致决策时的焦点分散，无法作出迅速而精准的判断。此外，决策复杂性也随信息量的增加而成倍上升。大数据分析不仅需要更多的处理能力，还涉及多个层级的分析维度和复杂的统计模型，决策者必须对这些分析结果有充分的理解和把握。在这种情况下，企业的决策流程可能变得更加烦琐、缓慢，甚至错失最佳决策时机。尤其是对于高层管理者而言，他们的主要任务是从海量的数据中提取出战略层面的关键信息，但在实际操作中常常受到信息过载的困扰，难以有效筛选和解读数据，从而影响了决策的质量。

（二）数据分析与决策脱节

尽管大数据技术为企业提供了前所未有的分析能力，能够从海量的数据中提取模式、趋势和有价值的洞察，但如果数据分析的结果无法有效转化为实际的决策支持，依然可能导致决策失误。企业在大数据环境下进行决策时，常常面临着数据分析和实际决策脱节的问题，具体表现为数据分析过于依赖模型结果，忽视了市场环境、企业战略、文化背景等因素的复杂性。

在传统的财务管理中，决策往往依赖经验、直觉和行业知识，但大数据技术改变了这种决策方式，将决策的重心从经验转向了数据模型。然而，这种转变并非总是能够带来更好的决策效果。首先，数据分析通常通过特定的算法和统计模型进行，模型本身的假设和参数设置可能与实际业务环境不完全匹配，导致分析结果偏离现实需求。例如，企业可能过于依赖历史数据和趋势预测，而忽略了市场突发事件或政策变化带来的影响。这种过度依赖数据模型的倾向，可能导致管理层在面临突发变故时无法迅速作出应变，从而影响决策效果。其次，数据分析的过程往往由专业的数据分析师或数据科学家完成，而最终的决策则由企业的高层管理者作出。在这一过程中，分析人员与决策人员之间的沟通与协作至关重要。如果数据分析结果没有得到有效的解读，或者分析师没有将数据结果转化为易于理解的业务语言，管理者可能难以基于数据作出精准的决策。实际上，许多复杂的财务分析模型和技术可能不为所有管理者所熟悉，这种技术和业务之间的脱节往往会导致管理者对数据的解读存在偏差，从而影响决策的合理性。最后，数据分析本身也存在着局限性。尽管大数据分析能够揭示出潜在的模式和趋势，但这些分析结果往往是基于历史数据和现有假设进行推导的，难以充分应对未来不可预测的变化。例如，在快速变化的市场环境中，某些外部因素（如政策变动、竞争对手动作、消费者心理变化等）可能对财务状况产生重要影响，而这些因素往往无法在数据模型中得到有效体现。

四、应对策略

（一）加强数据质量管理

随着企业数据来源的多样化和数据量的迅速增长，数据质量问题变得愈发复杂。为了确保大数据应用的财务分析能够为决策提供可靠支持，企业必须建立并持续完善一套科学的数据质量管理体系，涵盖数据采集、处理、存储及应用的全流程。

1. 企业应确保数据的准确性

在数据采集过程中，企业可以通过数据源验证和校正机制，避免出现数据录入错误或不准确的数据来源。例如，通过设置数据验证规则和使用数据清洗工具，识别并修正不合理的数值或缺失值，从源头上保证数据的准确性。对于历史数据的积累，企业需要定期进行数据校对和更新，确保所有记录的最新性和准确性。

2. 确保数据的完整性

完整的数据可以为财务预测模型提供更广泛的依据。企业应确保数据的全面性，不仅要收集财务数据，还要考虑与运营相关的外部数据，如市场趋势、消费者行为、竞争对手动态等。这要求企业在数据采集阶段就要考虑数据来源的全面性，并设计灵活的数据接口，以便整合来自不同系统的数据。数据的缺失或遗漏将直接影响分析结果的可靠性，从而影响决策的有效性。

3. 确保数据的一致性

在多数据源的环境中，数据的一致性是确保数据能够有效结合和交叉分析的前提。例如，不同部门或系统所使用的数据标准、格式和命名规则可能存在差异，这就需要企业通过建立统一的数据标准和规范，确保数据在不同系统中的一致性。可以通过数据映射和转换技术，解决不同数据系统间的兼容性问题，确保跨部门的数据整合能够顺利进行。

（二）优化模型设计与验证

随着大数据技术的普及，财务预测模型的设计和应用成为企业决策的核心工具。然而，许多传统的模型设计方法未能充分应对复杂的市场变化和大规模数据处理的挑战。优化财务预测模型的设计和验证，避免模型出现过拟合或欠拟合问题，已经成为应对大数据带来的财务风险的关键措施之一。

1. 针对财务预测任务，设计适应性强、具有高预测准确性的模型

财务预测模型不仅应具备基本的统计分析能力，还应能够处理高维度、多源数据，并捕捉到潜在的市场变化因素。例如，使用时间序列分析、回归分析和机器学习算法等技术，能够提高模型的预测能力和适应性。尤其是在复杂的市场环境中，模型应能够动态调整其参数，以适应不同的经济和市场变化。通过引入深度学习等先进技术，模型的精度和复杂性可以进一步提升，从而更好地应对多变的市场环境。

2. 优化模型验证过程

为了避免过拟合和欠拟合，企业应使用交叉验证等方法，对模型的表现进行评估。交叉验证能够通过将数据分为多个子集，反复测试模型的泛化能力，确保模型在多种情境下都能稳定预测。这一过程有助于减少模型的偏差，并提高其在实际应用中的预测准确性。

3. 持续优化预测模型

不断调整算法和引入新的数据源提升模型的准确性和适应性。例如，模型的输出应与实际情况进行对比，评估预测的误差，并根据这些反馈结果进行调整。可以通过模型自适应学习的方法，不断更新模型参数，以确保模型能随着时间推移和市场环境变化而不断优化。企业应还定期进行模型审查和验证，及时识别和解决可能出现的问题。通过引入新的机器学习技术和大数据分析方法，企业可以确保其财务预测模型始终处于最佳状态，充分应对复杂的财务环境。

（三）提升决策支持能力

在大数据时代，财务决策支持系统已经不再局限于简单的报表展示和历史数据分析，企业管理层需要更为精准、实时的决策支持信息。为确保决策的高效性和科学性，企业必须加强数据分析与决策的紧密衔接，确保数据分析结果能够转化为有效的决策支持，最终推动企业实现战略目标。

1. 数据可视化技术的应用是提升决策支持能力的关键手段

通过数据可视化，企业管理者能够将复杂的财务数据转化为直观、易懂的图表、图形和仪表盘，迅速识别财务状况的关键问题。可视化技术不仅能帮助管理者实时监控财务指标的变化，还能展示不同部门和业务领域的数据关联，帮助管理者从全局角度进行分析。这种直观的数据展示能够帮助管理者更快地理解数据背后的含义，作出及时的决策。

2. 决策支持系统的智能化是提高决策质量的重要步骤

通过将大数据与人工智能技术结合，企业可以开发智能决策支持系统（DSS），该系统能够根据实时数据和历史数据分析，提出优化的决策建议。例如，基于机器学习算法的决策支持系统可以在大量数据中自动发现影响企业绩效的关键因素，预测未来财务趋势，并提供相应的优化策略。这不仅提升了决策的科学性和准确性，也让管理者能够迅速适应市场的变化，调整财务战略。

3. 建立跨部门协作机制确保数据分析与决策过程的高度协同

财务部门与销售、市场、采购等部门的数据分析应互相支持，共同推动决策的制定。通过跨部门的数据共享和分析，管理者可以更全面地了解业务运营的各个环节，从而作出更加合理的财务决策。

4. 加强决策后效的监控与反馈

决策执行后的效果应及时反馈到决策支持系统中，作为下一步决策的依据。这种循环反馈机制将帮助管理者不断优化决策过程，提升决策支持系统的准确性和适用性。

第二节　数据安全与隐私保护问题

一、数据泄露的风险

（一）网络攻击与黑客入侵

在大数据环境下，数据泄露的风险大大增加，其中一个重要原因就是网络攻击和黑客入侵。企业在大数据平台上存储和处理着大量敏感的财务数据，包括客户信息、交易记录、投资数据、薪资和税务等内容，这些信息的价值极高，因此成为网络攻击者的主要目标。黑客通过入侵企业的系统，利用技术漏洞或社会工程学手段窃取数据，可能会对企业造成重大损失，甚至威胁到其存续。

网络攻击的方式多种多样，从常见的分布式拒绝服务（DDoS）攻击到更为复杂的恶意软件和勒索病毒攻击，都可能使企业的系统遭受瘫痪，数据被非法访问或篡改。对于财务信息系统而言，数据的篡改或泄露不仅会直接导致财务决策的失误，还可能引发法律诉讼、企业信誉下降等多重风险。例如，攻击者通过入侵网络可能获取企业的财务报表、账户信息或付款指令等，进而实施金融诈骗，给企业带来直接的经济损失。此外，随着云计算的广泛应用，越来越多的企业将数据存储和计算能力外包给第三方云服务商，这进一步加剧了数据泄露的风险。如果云服务提供商的安全性没有得到有效保障或存在安全防护漏洞，企业的核心财务数据也可能暴露在外部攻击的威胁下。网络攻击不仅会对企业造成短期的经济损失，还会对其品牌信誉、市场竞争力产生长远影响。

（二）内部人员的数据滥用

与外部攻击不同，内部人员的数据滥用是企业数据泄露的另一大隐患。企业的内部人员特别是财务人员或高层管理人员，通常有权限接触和处理敏感数据，这使他们在未经授权的情况下，可能会滥用或泄露企业数据。这种滥用行为可能出于多种原因，包括但不限于经济利益、报复心态或是个人信息的非法交易。

内部人员的数据滥用通常更难以察觉，因为这些人员具备合法访问权限，并且他们熟悉企业内部流程和数据结构，能够通过合法手段获取敏感数据。一些不法员工可能会将企业客户的财务信息、交易记录、信用数据等出售给竞争对手或非法商人，从中谋取经济利益。比如，一些财务分析师或数据管理员可能会将客户的个人财务数据出售给第三方，帮助非法组织进行金融诈骗或恶意借贷活动，给企业造成法律责任和巨大的品牌声誉风险。此外，内部人员滥用数据还可能是由于对企业内部信息保护政策的疏忽或缺乏保密意识所致。例如，一些员工可能会随意分享企业的敏感数据或者在不进行加密保护的情况下存储、传输数据，导致数据易于被窃取或泄露。不同于外部的攻击，内部人员的行为往往更加隐蔽，难以追踪和检测，因此，企业需要在管理层、财务部门和信息技术安全团队之间建立更加紧密的协作机制，加强内部数据访问的权限控制，确保敏感数据只有在合适的授权范围内被使用。

二、隐私保护的挑战

（一）个人数据的过度收集

随着大数据技术的广泛应用，企业在进行财务分析和预测时，常常需要收集大量的个人数据。这些数据不仅包括传统的客户财务信息，如收入、支出、信用评分等，还涉及消费者行为、社交媒体互动、在线购物习惯、位置数据等内容。虽然这些数据能为企业提供重要的业务洞察和市场趋势，但其收集和使用方式容易引发隐私保护问题。

过度收集个人数据可能会侵犯消费者的隐私权，尤其是在数据的收集和使用过程中缺乏足够的透明度和明确的同意。例如，许多企业通过社交媒体平台、电子商务网站等渠道，收集用户的大量行为数据，未能充分告知用户其数据的使用目的和方式。这种隐私泄露风险不仅仅局限于企业与用户之间的信任关系，也可能引发法律和社会道德问题。特别是在一些国家和地区，数据保护和隐私权的法律法规日益严格，企业过度收集个人数据可能违反相关法律，面临重罚或公众的抵制。此外，企业在收集个人数据时，可能无意中收集了过多无关的信息，超出了用户的需求和预期范围。这些过度收集的数据可能涉及敏感信息，如健康记录、性别、民族等，容易引发歧视性使用的风险。过度收集个人数据不仅增加了企业在数据管理上的负担，也可能使企业面临消费者投诉和法律诉讼的风险。

（二）数据匿名化与去标识化的难度

在大数据应用中，保护个人隐私的一个重要策略是数据匿名化和去标识化，即通过去除或替换数据中的个人识别信息，使数据不再与特定个人直接关联。然而，尽管这一技术已被广泛应用，但确保个人隐私的完全保护仍然面临着重大的挑战。

数据匿名化和去标识化技术并非百分百有效，尤其是在大数据分析中，数据的丰富性和细节可能使匿名化后的数据仍然存在泄露隐私的风险。例如，通过数据挖掘和模式识别技术，即使数据经过去标识化处理，分析者依然可能通过分析多个数据源将匿名数据与特定个人的身份匹配，恢复个人的敏感信息。这种技术上的漏洞，常常让企业和用户面临信息泄露的危险。

在多源数据集成的环境下，去标识化的数据面临着更加复杂的挑战。当不同来源的数据被结合时，可能出现间接识别的情形。例如，企业将来自不同平台的匿名化数据结合时，单独的数据点可能不具备足够的辨识度，但在多重数据集成下，某些细微信息的重建可能泄露个人身份。这意味着，数据分析和预测过程中的任何疏忽，都可能导致隐私泄露。

与此相关的一个问题是数据的长期存储和复用。在一些情况下，即便数据经过匿名化和去标识化处理，数据的长期存储和反复使用仍然存在使数据可识别的风险。如果用户的行为和偏好信息长时间被收集，且随着数据量的不断增加和分析手段的升级，匿名数据可能被重新识别和关联到某个特定个人，从而威胁到用户的隐私。

三、应对策略

（一）加强数据安全防护

随着大数据技术的广泛应用，企业面临的网络安全威胁也不断增加。尤其在财务管理中，企业积累的敏感信息包括财务数据、客户交易记录、员工信息等数据一旦泄露或被篡改，将对企业的运营和声誉造成严重影响。黑客通过网络攻击可能窃取这些敏感数据，进而导致金融诈骗、商业间谍活动、法律诉讼等一系列后果。更重要的是，数据泄露不仅会直接造成经济损失，还会损害企业的品牌形象，失去客户和合作伙伴的信任，严重时甚至可能导致企业面临破产的风险。随着数据的不断增长，数据存储和传输的安全问题也愈加复杂。在大数据平台中，数据通常是分布式存储在多个位置，且涉及不同的部门和系统进行处理，这使得安全防护措施变得尤为复杂和具有挑战性。传统的防护方法已不再适应现有的大数据环境。黑客攻击不仅可以突破企业防线窃取数据，还可能通过网络病毒、恶意软件等方式对数据进行篡改，使得数据变得不可信。大数据平台中的数据并非静态存储，数据的流动性增加了数据被盗用、被篡改的风险。财务数据尤其敏感，因为它们不仅关乎企业的财务健康，也直接影响投资者和股东的决策。

因此，企业需要不断提升网络安全防护能力，使用更加先进的加密技术、访问控制技术和审计跟踪机制，确保财务数据在收集、存储、传输、使用等环节中的安全性和完整性。

（二）完善隐私保护政策

在大数据背景下，企业能够收集到大量的个人信息，这些信息的收集和使用必须受到严格的隐私保护法律法规的约束。然而，随着数据的多样性和来源的复杂性，隐私保护面临着前所未有的挑战。企业往往为获取更多的数据而忽视了用户的隐私保护，过度收集个人数据不仅侵犯用户的隐私权，还可能使企业面临法律风险和声誉危机。

1. 企业必须确保个人数据的合法收集

收集数据时需要明确告知用户数据的用途和存储期限，并征得用户的同意。对于敏感数据，如客户的财务状况、个人身份信息等，必须严格遵循数据最小化原则，即仅收集对财务预测和分析所必需的最基本数据，避免收集过多无关的个人信息。企业还需要建立数据分类管理制度，对于敏感数据进行特殊处理和保护，防止其被滥用。然而，隐私保护不仅仅是避免数据泄露这么简单。企业需要在数据使用过程中实施严格的审计和监控机制，确保数据仅在授权的范围内使用。例如，在进行数据分析时，企业应避免将多个用户的数据合并或使用高级数据挖掘技术对个人数据进行二次分析，避免不必要的隐私侵犯。此外，企业还应定期审查和更新隐私保护政策，确保其与法律法规的变化保持一致，避免因不合规的行为带来的法律风险。

2. 在全球化背景下，隐私保护面临更加复杂的国际法规挑战

不同国家和地区有不同的数据保护法律，如欧洲有《通用数据保护条例》（GDPR），我国则有《中华人民共和国个人信息保护法》（以下简称《个人信息保护法》）。企业在全球范围内运营时，必须遵守当地的隐私保护法律，不仅要确保数据收集和处理的合法性，还要考虑如何在不同法规要求下平衡数据利用和隐私保护之间的矛盾。

（三）提升员工数据安全意识

在大数据环境下，企业不仅要面对外部黑客和网络攻击的威胁，内部人员的无意或恶意行为同样构成了数据泄露的重大风险。内部员工通常拥有对企业财务数据和其他敏感数据的访问权限，一旦员工因疏忽或故意泄露数据，将会导致企业面临法律和财务风险。

1. 企业应加强员工对数据安全的教育和培训

员工往往不了解数据保护的重要性或者对数据泄露的后果认识不够，因此培训和教育至关重要。企业应定期组织数据安全相关的培训课程，让员工意识到自己在数据保护中的责任，了解如何识别潜在的安全威胁以及如何采取预防措施。培训内容不仅包括如何处理敏感数据，还要包括如何识别钓鱼邮件、恶

意软件等安全风险，以减少人为操作失误导致的数据泄露事件。

2. 员工的权限管理需严格控制

企业应根据员工的工作职能、职责和实际需要，设置合理的数据访问权限。过多的权限不仅增加了数据泄露的风险，也使得企业的数据安全防护难度增加。采用“最小权限原则”可以有效减少无关人员对敏感数据的访问。同时，企业还应建立完善的监控和审计机制，追踪员工的数据使用行为，确保其遵守公司数据安全规定。企业在培养员工数据安全意识的同时，还应鼓励员工提出改进建议，提高数据安全防护的主动性。例如，可以设立奖励机制，鼓励员工报告数据安全隐患或者提出改进建议。通过增强员工的数据安全责任感，能够形成企业上下共同维护数据安全的良好氛围，从而有效降低数据泄露和滥用的风险。

第三节　大数据的合规性问题

一、数据收集的合规性

数据收集是大数据驱动下财务管理的核心环节，但其合规性问题直接影响到企业的法律风险和运营稳定性。企业在收集数据时，必须确保数据来源的合法性、数据使用的合规性以及数据处理的透明性。

（一）数据来源的合法性

1. 内部数据的合规性

企业内部数据，包括财务报表、交易记录、客户信息、员工数据等，构成了企业日常运营和财务管理的重要基础。随着大数据技术的普及，企业能够从更多维度和细节收集和利用这些数据，以加强决策支持和提高管理效率。然而，如何确保这些数据的合法性和合规性是企业必须关注的关键问题。

企业在收集和使用内部数据时，必须遵守与数据收集和使用相关的法律法规。例如，根据《中华人民共和国公司法》要求，企业必须真实、准确、完整地记录财务报表和交易记录，确保报表中的数据符合会计准则，并且反映企业的实际财务状况。此外，《中华人民共和国会计法》明确要求企业按照法定要求对账务进行管理，定期披露财务信息，以便为各方提供可靠的财务依据。企业必须严格遵守这些法律规定，确保内部财务数据的合规性。

企业在收集和处理客户数据时，必须确保数据的合法性和合规性。随着信息化进程的推进，越来越多的企业开始收集和存储客户的个人信息。这些客户信息包括但不限于联系方式、购买记录、个人偏好等，成为企业提供个性化服务和定制产品的重要依据。然而，客户数据的收集和处理需要符合严格的法律要求，尤其是在个人隐私保护方面。例如，《个人信息保护法》明确规定了企业在收集、存储和使用客户个人信息时必须获得客户的明确同意，并且告知客户数据的用途、处理方式及保密措施。未依法获得用户同意或不当使用客户数据的行为将可能面临严重的法律后果，包括罚款和名誉损害。因此，企业在收集客户数据时，必须确保符合《个人信息保护法》的规定，确保数据的合法性和合规性。

企业需建立完善的数据治理制度，对数据的存储、使用、访问和处理进行全方位的监控和管理。这样可以确保企业在内部数据管理上不仅符合法律要求，还能最大限度地保障客户和员工的信息安全，从而降低数据泄露和滥用的风险。

2. 外部数据的合规性

外部数据是指企业从互联网、政府公开平台、社交媒体、行业报告、市场调研等渠道获取的非内部来源的数据。随着大数据分析的应用场景日益增多，外部数据为企业提供了重要的决策支持信息，能够帮助企业更好地理解市场趋势、消费者行为以及竞争对手的情况。然而，外部数据的收集和使用也伴随着法律合规性问题，尤其是对于涉及隐私保护和知识产权的领域。

企业在收集和使用外部数据时，必须确保数据来源的合法性。例如，企业通过社交媒体获取的用户行为数据必须符合《中华人民共和国网络安全法》（以下简称《网络安全法》）和《个人信息保护法》的相关规定。根据《网络安全法》的要求，企业在获取用户数据时必须确保其行为合法，且需遵循数据最小化原则，不得过度收集用户信息。此外，根据《个人信息保护法》，企业还需确保获取的数据不会侵犯用户的隐私权，特别是在数据的处理和存储过程中，要确保用户的个人信息不被泄露或滥用。

外部数据的使用需要考虑到知识产权的合规性。例如，企业在使用行业报告或市场调研数据时，必须确保这些数据的版权归属清晰且获得合法授权。未经授权使用他人版权的报告或数据，企业可能会面临版权侵犯的法律诉讼及赔偿责任。为了避免这种风险，企业应在获取外部数据时明确数据的所有权，并与数据提供方签订合法的数据使用协议，确保数据的合法性和合规性。

企业在收集外部数据时，尤其是在跨境数据流动方面，需关注不同国家和地区的法律规定。例如，欧盟的《通用数据保护条例》对个人数据的收集、存储和使用作了严格要求，规定企业在处理欧盟公民的个人数据时，必须遵守数据保护的相关规定，并确保数据传输符合相关法规。因此，企业在从国际平台或国外第三方获取数据时，必须了解并遵守目的国的法律，避免因跨境数据流动而引发合规性问题。

3. 第三方数据的合规性

第三方数据通常是企业通过与外部数据供应商、合作伙伴、行业协会等合作获取的。这些数据源通常涵盖了更加细化和专业的市场信息，如行业报告、市场趋势、竞争对手的分析数据等。与外部数据一样，第三方数据的使用同样面临合规性的问题，尤其是数据的来源、合法性等方面需要明确界定。

企业在使用第三方数据时，必须确保数据来源的合法性。第三方数据供应商通常会通过公开渠道或合法授权收集数据，但企业仍需对数据的合法性进行严格审查。例如，企业应确保数据供应商有权限使用和共享该数据，且数据本身不会侵犯他人的知识产权或隐私权。此外，企业应与第三方供应商签订合同，明确数据的所有权、使用权限、保密义务和数据使用范围，防止供应商未经授权将数据转卖或共享给第三方，从而引发法律纠纷。

企业在使用第三方数据时，必须确保数据的合规性。根据不同的数据类别，企业在使用第三方数据时应遵循数据保护法规。例如，在处理客户信息和市场调研数据时，企业应遵守相关的隐私保护法律和法规，确保数据的合法收集、传输和使用。为了进一步保障合规性，企业可以要求数据供应商提供相关的合规证明，如符合欧盟《通用数据保护条例》的数据保护合规性证明，或者向监管机构申报数据的收集与使用情况。

企业应定期对第三方数据的质量进行审查和监控，确保数据的准确性和完整性。企业在使用第三方数据时，可能存在信息失真、数据更新不及时等问题，这可能影响企业的财务决策和风险评估。因此，企业应建立有效的数据监控和审计机制，对数据的来源、使用过程、存储方式等进行全程追踪和管理，确保第三方数据的合规性和准确性。

（二）数据使用的合规性

1. 数据最小化原则

数据最小化原则是指企业在收集、处理和使用数据时，应严格限制数据的种类和数量，仅收集和使用与当前财务管理目标直接相关的最低限度的数据。这一原则的核心理念是“必要性”，即确保企业在满足财务分析和决策需求的同时，避免收集与财务管理无关或过多的敏感信息，从而减少潜在的法律风险和隐私侵犯的可能性。

在大数据时代，尤其是当涉及客户个人信息、财务数据和交易记录时，企业面临着前所未有的数据收集和存储能力。这一能力虽然为财务决策提供了更丰富的信息，但同时也带来了数据过度收集和隐私泄露的风险。因此，企业必须审慎评估每一项数据收集活动的必要性。例如，在进行销售预测时，企业可以通过分析消费者的购买行为来优化库存管理，但并不需要详细记录每个消费者的身份信息。通过这一做法，企业能够有效减少不必要的隐私泄露，并且符合《个人信息保护法》及相关隐私保护法规的要求。

数据最小化原则要求企业确保在数据生命周期的每个环节都能够遵循最小化原则。无论是在数据的采集、存储过程中，还是在数据分析过程中，企业都应避免收集过多的冗余数据。例如，在进行财务报表分析时，企业只需关注涉及资产、负债和利润等核心财务指标的数据，而不是过多收集其他非核心信息。通过精简和聚焦数据，企业能够更高效地实现财务管理目标，同时有效降低合规风险。

2. 数据透明性原则

数据透明性原则要求企业在收集和使用数据时，必须向数据主体（用户或客户）提供清晰、明确的信息，告知其数据收集的目的、方式、使用范围以及存储期限。透明性是确保数据合法使用的基础，有助于建立企业与客户之间的信任关系，降低因数据滥用或隐私侵犯而导致的法律风险。

在大数据驱动的财务管理过程中，透明性尤为重要。企业不仅需要向用户提供有关其数据收集和使用的详细说明，还需要明确数据将如何用于企业的财务分析、预算编制、风险评估等决策支持工作。例如，企业可以通过隐私政策或数据保护声明，明确告知客户其个人数据将被用于哪些财务分析目的，并确保这些数据不会被用于其他未经授权的用途。特别是对于涉及敏感数据的场景，如个人财务状况、交易记录等，企业应更加注重透明度，确保用户在提供数据时具有充分的知情权和选择权。此外，数据透明性还意味着企业必须让数据主体了解他们的权利，包括访问、修改、删除或限制使用其个人数据的权利。例如，企业应向客户提供简单明了的途径，让他们能够随时查询、更新或删除其个人信息。这不仅增强了客户的信任感，还提高了企业在合规性审查中的通过率，降低了潜在的法律纠纷和罚款风险。

为了实现数据透明性，企业还应采取有效的技术手段，确保数据的处理过程和存储方式对用户公开。例如，利用区块链技术可以实现数据操作的透明化，确保用户能够实时追踪其数据的存储和使用过程，从而进一步提升数据的透明度和安全性。

3. 数据安全性原则

数据安全性原则是企业在数据管理和使用过程中必须遵循的最基本要求，旨在保护数据免受未经授权的访问、篡改、泄露或滥用。随着大数据技术的广泛应用，企业在收集、存储和处理大量敏感数据时，面临着越来越严峻的安全风险。为此，企业必须实施一系列技术和管理措施，确保数据在各个阶段的安全性和完整性。

在财务管理中，企业收集的许多数据涉及高度敏感的个人信息和财务信息，如个人信用卡信息、交易记录和财务报表等。为了保护这些信息不被非法访问或泄露，企业应采取加密技术来保护数据传输和存储过程中的安全。例如，利用端对端加密技术，在数据传输过程中加密每一条数据，以防止在数据传输过程中被黑客窃取。数据存储时，也应使用先进的加密技术，确保即使数据遭到非法获取，攻击者也无法读取数据内容。企业还应在数据存储和访问控制方面制定严格的安全政策。例如，企业应使用多重身份验证（MFA）机制来限制访问敏感数据的权限，确保只有授权的人员才能访问关键财务信息。同时，企业应定期进行安全审计，检查数据安全措施的有效性，及时发现潜在的安全漏洞并进行修复。对于大数据环境下的实时数据处理，企业可以采用实时监控系统，及时检测数据流中的异常活动，并在出现安全威胁时快速响应。

此外，企业应定期备份财务数据，并将备份数据存储在不同的地理位置，以应对自然灾害、系统故障或网络攻击等不可预见的情况。数据备份不仅能够确保企业在发生数据丢失或破坏时能够恢复关键财务数据，还能在数据泄露或滥用的情况下，最大限度地减少损失和负面影响。

（三）数据处理的透明性

1. 数据处理流程的透明性

在大数据驱动的财务管理环境中，数据处理的透明性是确保企业合规性、提升用户信任并保护个人隐私的基础。数据处理流程的透明性意味着企业不仅要遵循法律法规的要求，还要在企业内部和外部公开其数据处理的全过程，让数据主体了解数据的收集、存储、使用和销毁等环节。这一透明性有助于增强客户的信任，降低隐私泄露的风险，并使企业能够应对日益严格的监管要求。

企业应在隐私政策中详细阐明数据的收集目的、使用范围、存储期限以及销毁方式。通过对每个环节的公开透明，用户能够清晰地了解企业如何利用他们的数据，并且对企业的数据使用方式保持知情权。例如，在进行财务数据分析时，企业应明确告知用户其个人数据将被用于哪些特定的财务分析、预测或决策支持，同时应告知用户在多长时间内数据会被删除或销毁。这不仅符合《个人信息保护法》及欧盟《通用数据保护条例》的要求，也可以增强企业的社会责任感和声誉。

企业在数据处理过程中应定期公开透明报告，向数据主体提供数据处理活动的详细信息，包括数据访问和使用的目的、范围及结果。这种做法有助于建立与客户之间的信任关系，同时能够帮助企业自身在发生数据安全事件时具备足够的可审计性和合规性。透明的报告机制还能够强化企业对数据保护和合规的承诺，让用户看到企业对隐私保护的认真态度。对于财务管理领域而言，透明性尤为重要，因为企业涉及大量敏感的财务数据和个人信息。透明的数据处理流程不仅能够让用户感受到数据隐私的保护，还能有效减少数据滥用或泄露事件的发生，从而降低企业的法律风险。

2. 数据处理的可追溯性

数据处理的可追溯性意味着企业能够清楚地知道数据的来源、使用过程以及存储情况，并且能够通过技术手段追溯到每一个环节。数据追溯机制要求企业能够实时记录和监控数据的流动路径，确保数据从收集到存储、使用和销毁的每一个环节都有详细的日志记录。例如，企业应在系统中记录谁、何时、为何操作了数据，数据是否被修改或删除，数据的处理是否符合设定的合规要求。这些审计日志不仅能够帮助企业在发生数据泄露事件时进行快速溯源，也为企业的内部审计提供依据，确保数据处理活动的合法性和合规性。

数据处理的可追溯性还涉及数据的加密和保护措施，确保即使数据在传输过程中被截获，仍然无法被非法使用。通过加密技术和访问控制机制，企业可以有效地防止数据在处理过程中遭到篡改或泄露。数据的可追溯性也可以帮助企业及时发现数据泄露、滥用或错误的发生，在问题发生初期进行干预和修复，减少潜在的财务和法律风险。对于财务数据而言，处理的可追溯性尤为重要，因为财务数据直接关系公司的运营和决策。通过数据处理的可追溯性，企业能够确保所有财务数据的合规性、合法性，避免发生因数据不准确、篡改或滥用而导致的财务报表错误或合规问题。

3. 用户数据权利的保障

企业在收集、使用、处理和存储用户数据时，必须确保用户的基本数据权利得以保障。这些权利包括访问权、更正权、删除权以及数据传输权等。企业应通过制定明确的数据管理政策和机制，确保用户能够方便地行使其数据权利。

企业应为用户提供便捷的途径，以便他们能够随时查询自己所提供的个人数据。这种访问权不仅包括查看企业持有的个人信息的权利，还应包括了解企业如何使用这些数据的权利。通过透明的数据管理，用户能够了解自己的数据是否被用于不同的目的，是否有未经授权的第三方访问这些数据。这种信息的公开和透明化是增强用户信任的基础，也是确保企业合规性的关键。

企业应允许用户更正不准确的数据。由于大数据技术可以通过自动化分析从多个来源汇聚数据，因此不可避免地会出现数据错误或不准确的情况。例如，用户可能会发现其财务记录中的数据与实际情况不符，企业应提供简单的流程，让用户能够及时修改错误信息。这不仅符合法律规定，也提高了数据质量和分析结果的准确性。

企业应确保用户能够随时删除自己的个人数据，尤其是在数据不再需要时。例如，用户在停止与企业的业务关系后，应该有权要求删除他们的个人财务数据。这一做法不仅符合法律要求，也为用户提供了更多的控制权，避免了企业滥用或存储过时的数据。

企业应在数据使用过程中遵守数据最小化原则，避免收集与财务管理无关的个人信息。同时，企业应尊重用户的数据传输权，支持用户将其个人数据安全、便捷地迁移至其他合规平台。企业还应采取技术手段，如数据加密、身份验证和访问控制，确保用户数据在存储和处理过程中不被非法访问和滥用。通过加强对用户数据权利的保障，企业不仅能避免法律风险，还能增强用户对企业的数据保护能力的信任，从而为企业的长期发展奠定良好的基础。

二、应对策略

（一）建立合规管理体系

1. 制定合规政策

合规政策是企业治理的基石，它能够为企业的所有数据处理活动提供法律框架和指导原则，确保各项数据处理行为具有法律合规性，并帮助企业降低合规风险。

企业应当根据所处行业、所在地的法律法规以及国际合规要求来制定合规政策。例如，在欧洲，企业必须遵守《通用数据保护条例》，该法规要求企业在收集和处理个人数据时必须获得数据主体的明确同意，并且保证数据的透明性和保护。企业还应当清晰地定义数据的收集目的、使用方式以及存储期限，确保数据处理过程符合合法性、透明性和目的限制的原则。通过制定合规政策，企业不仅能确保自身的合法合规性，还能增强客户对企业数据保护措施的信任，从而提升企业的声誉。

企业应在政策中明确规定哪些数据可以被收集、如何存储数据以及数据在使用后的销毁流程。例如，企业遵循数据最小化原则，仅收集与业务相关的必要数据，并在不再需要数据时及时销毁。这将有效减少不必要的数据积累和数据泄露的风险，防止数据滥用。合规政策还需要包含数据传输的规范，确保企业在进行跨境数据传输时能够遵守所在国家和地区的合规要求，并采取加密等安全措施，避免数据在传输过程中受到泄露和篡改的风险。

合规政策的执行不仅是文档的编制，还是一个动态的过程。企业需要定期更新合规政策，以应对法规变化、技术进步及市场环境的变动，确保政策始终有效，并且符合最新的合规要求。通过有效的政策管理，企业能够在保障数据合规性的同时，提升其在全球竞争中的合法性和公信力。

2. 建立合规团队

合规团队作为企业合规管理的核心，承担着确保企业在数据处理过程中符合法律法规的职责，并通过专业的监督和审查，降低企业的合规风险。

合规团队应当由具有法律、数据保护及信息技术背景的专业人员组成，团队成员需具备深入的法规理解和合规实践经验。团队的主要职责是评估和识别企业数据处理过程中的合规风险，并通过定期审计、内部检查和政策监督来确保数据使用符合相关法律要求。合规团队还应负责与外部法律顾问、审计机构、政府监管部门等进行沟通和协作，及时获得合规方面的最新信息，并根据新法规调整企业的合规策略。只有具备专业知识和经验的团队，才能有效识别和规避潜在的合规风险，防止企业因合规失误而面临高额罚款或声誉损失。

合规团队应当与其他部门紧密合作，确保数据合规要求能够在整个企业运营中得到贯彻实施。合规团队应定期对各个部门的工作流程进行审查，确保所有业务流程的设计和实施都符合合规政策。例如，在财务、营销和人力资源等部门，数据的收集、存储和使用可能涉及个人信息或敏感数据，合规团队应当在数据流通过程中发挥监督作用，确保每个环节都符合合规标准。合规团队还需要定期与技术部门合作，确保企业使用的数据保护技术（如加密、数据防泄露等）符合最新的安全要求，并能够有效防范潜在的安全漏洞。此外，合规团队还应定期进行风险评估，监控合规领域的变化并提前作出反应。例如，随着新法律法规的出台或现有法律的修订，企业需要快速调整合规策略，以适应新的合规要求。通过系统的风险评估，企业能够及时识别合规领域的薄弱环节，并采取有效的预防措施，从而确保长期合规性。

3. 开展合规培训

合规培训不仅是一次性的活动，还是一个持续不断的过程，旨在提高员工的合规意识，确保他们在日常工作中能够及时识别和应对合规风险。

企业应定期组织合规培训，确保所有员工了解与其工作相关的法律法规和合规要求。不同岗位的员工需要接受不同的培训内容。例如，财务部门的员工需要了解如何合法处理客户的财务信息，避免侵犯客户隐私；信息技术部门的员工需要掌握如何保护企业的数据资产，防止数据泄露或滥用。通过定制化的培训内容，企业能够确保各部门人员对数据合规要求的准确理解，并将合规实践融入日常工作中。

合规培训应涵盖合规风险的识别与处理。员工应具备识别潜在合规风险的能力，并在发现风险时采取适当的行动。通过情境模拟和案例分析等方式，企业可以让员工更好地理解合规风险的实际表现及其可能带来的后果。例如，在处理客户数据时，员工应当了解哪些数据收集行为可能违反隐私保护法，哪些操作可能导致合规风险。在员工培训中加入相关案例分析，可以帮助员工更好地理解如何在日常工作中应对合规挑战。

合规培训应包括企业合规政策和程序的更新内容。随着数据保护法规的不断变化和新的法规出台，企业应确保员工及时了解这些变化，并能够灵活地调整工作行为。例如，《通用数据保护条例》《加州消费者隐私法案》等国际性数据保护法规的出台和修订，都要求企业员工对其进行有针对性的培训，确保他们能够根据新的法律要求进行数据处理。

（二）加强技术保障措施

1. 数据加密技术

在大数据时代，数据加密技术是确保信息安全的关键手段，尤其是对于涉及敏感信息的财务数据来说，加密保护尤为重要。数据加密不仅能防止未经授权的数据访问，还能在数据传输和存储的整个过程中提供数据的保密性和完整性。加密技术将数据转换为不可读的格式，只有拥有正确密钥的授权人员才能将其恢复成原始信息，从而有效阻止数据泄露、篡改和滥用。数据在传输过程中是最容易受到攻击和篡改的环节。为了确保数据在传输过程中的安全性，企业应采用先进的加密协议，如 SSL/TLS 协议，来对传输数据进行加密。SSL/TLS 协议能够通过建立安全的通信渠道，保护数据不被中间人截取或篡改。企业在向外部传输敏感数据时，必须确保所有的外部通信都经过加密保护，尤其是通过互联网发送财务报表、客户信息和银行账户数据等高度敏感的财务数据时。

除了传输数据需要加密，存储数据的加密同样至关重要。企业应使用加密算法（如 AES、RSA 等）对存储在数据库、云平台和其他存储设备上的数据进行加密。这些加密技术能够在数据存储过程中保护数据免受未经授权的访问，确保即使存储介质被盗或泄露，数据本身也无法被泄露或滥用。对于财务数据而言，加密存储不仅有助于防止外部攻击者访问企业财务信息，还能够提高合规性，符合行业监管要求（如《通用数据保护条例》《加州消费者隐私法案》等隐私保护法规）。

为了确保加密技术的有效性，企业应加强密钥管理。加密密钥是数据加密过程中的核心，企业应实施严格的密钥管理策略，包括密钥的存储、更新和销毁等操作。密钥的泄露可能导致加密的失效，因此必须确保密钥始终保存在安全的环境中。企业应定期更换加密密钥，并确保加密密钥不在不安全的网络环境中传输。此外，密钥管理系统（KMS）可以用于集中管理加密密钥，确保加密技术的全生命周期得到有效管理，进一步保障企业数据的安全性。

2. 访问控制机制

在大数据背景下，访问控制是保护数据安全的重要技术措施。通过有效的访问控制机制，企业能够确保只有经过授权的人员能够访问、查看、处理或修改敏感数据。访问控制不仅能够防止数据的非法访问，还能实现数据使用的可追溯性，确保数据处理的合规性。

企业应建立强大的身份认证系统，确保每个访问数据的用户都有明确的身份。身份认证可以通过多种方式实现，如传统的用户名和密码、基于生物识别技术的认证（如指纹识别、面部识别）以及更为安全的双因素认证。双因素认证通过要求用户提供两个不同的身份验证因素（如密码和短信验证码）来增强系统的安全性，有效防止未经授权的人员访问敏感数据。权限管理则是确保每个用户只能访问其授权的数据部分。企业应根据角色定义用户的访问权限，实施基于角色的访问控制。例如，财务部门的员工可以访问财务数据，但只能在其职责范围内查看特定报表，而不能修改或删除数据。通过细化权限管理，企业能够最小化数据泄露的风险，同时确保数据的可控性和安全性。

为了进一步提高数据安全性，企业应遵循最小权限原则，即每个用户只应拥有完成其工作所需的最低权限。通过实施最小权限管理，企业可以防止过多的员工接触到敏感数据，从而减少因员工失误或恶意行为导致的安全威胁。最小权限原则不仅适用于员工，还应适用于外部合作伙伴、第三方供应商等相关人员，确保其只能访问与其合作内容相关的数据。为了进一步增强访问控制机制，企业应实施实时监控与审计措施。实时监控可以帮助企业及时识别异常的访问行为，如未经授权的访问尝试、数据访问的频繁模式等，及时采取措施加以制止。审计机制则帮助企业记录并追溯每次数据访问和修改的行为，确保对数据使用的可追溯性。这些监控和审计记录不仅能够帮助企业及时发现潜在的安全问题，还能够作为后续合规审查的依据。

3. 数据审计机制

数据审计机制是确保数据合法性和合规性的重要手段。通过有效的审计机制，企业能够跟踪、记录并分析数据的传输和处理过程，从而确保数据在各个环节都符合相关法规和企业政策，防止数据滥用和泄露。

企业应建立完善的数据审计日志系统，记录数据的每一次操作行为。审计日志应包括但不限于以下信息：访问数据的人员、操作时间、操作内容、操作对象、操作结果等。通过这些信息，企业可以清楚地了解数据在各个环节的使用情况，并确保每项数据操作都经过授权和合规审批。审计报告是审计日志的汇总与分析结果，它能够为企业管理层提供关于数据处理合规性的整体评估。

通过定期生成和分析审计报告，企业可以及时识别潜在的合规风险，并在问题扩大前采取纠正措施。例如，如果审计报告显示某个员工频繁访问不相关的财务数据，企业可以立即进行调查，确保数据的访问行为符合最小权限原则。

随着大数据技术的应用，企业的数据处理过程越来越复杂，手动审计可能会耗费大量时间和资源。因此，企业应引入自动化审计工具，利用机器学习和人工智能技术，自动检测数据处理中的合规问题。这些工具能够实时监控数据流，自动识别不合规的数据操作，并生成预警报告，帮助企业迅速应对潜在的合规风险。自动化审计还可以通过对历史数据的学习和分析，不断优化合规检测规则，提高审计效率和准确性。例如，企业可以通过自动化审计系统实时跟踪数据访问的模式，识别和标记可能的异常行为，从而实现早期发现和快速响应。

企业应定期进行数据审计合规性评估，以确保数据处理过程符合最新的法律法规要求。合规性评估应覆盖所有涉及数据存储、传输和处理的环节，评估数据访问控制、数据保护措施、隐私政策等是否符合相关合规标准。同时，企业应根据评估结果，及时调整合规策略和流程，确保合规管理体系与时俱进。通过数据审计机制，企业能够确保数据处理的透明度和可追溯性，为决策层提供清晰的合规性分析，并为企业的数据安全和合规性提供有力保障。

参考文献

[1] 郭靖，许昆明 . 电力财务管理信息系统现状及发展趋势 [J]. 中国商论，2018（5）：88-90.

[2] 李晓静 . 浅谈电力企业财务管理的对策 [J]. 通讯世界，2018（2）：274.

[3] 孙新波，钱雨，张明超，等 . 大数据驱动企业供应链敏捷性的实现机理研究 [J]. 管理世界，2019，35（9）：133-151.

[4] 张骁，吴琴，余欣 . 互联网时代企业跨界颠覆式创新的逻辑 [J]. 中国工业经济，2019（3）：156-174.

[5] 胡海波，卢海涛 . 企业商业生态系统演化中价值共创研究：数字化赋能视角 [J]. 经济管理，2018（8）：55-71.

[6] 姜昊，梁林，刘培琪 . 大数据对企业决策过程的影响：一个多案例的研究 [J]. 河北经贸大学学报，2018（3）：99-107.

[7] 张彩凤，谢卫红，王永健 . 大数据能力对企业绩效的作用机理研究：基于双元组织学习的过程视角 [J]. 企业经济，2019（7）：113-120.

[8] 郑力源，周海炜 . 企业大数据能力：研究综述与未来展望 [J]. 科技进步与对策，2019，36（15）：153-160.

[9] 李永红，张淑雯 . 大数据驱动传统产业转型升级的路径：基于大数据价值链视角 [J]. 科技管理研究，2019，39（7）：156-162.

[10] 陈国青，吴刚，顾远东，等 . 管理决策情境下大数据驱动的研究和应用挑战：范式转变与研究方向 [J]. 管理科学学报，2018，21（7）：1-10.

[11] 任臻 . 大数据对企业管理决策影响探究 [J]. 营销界，2020（3）：177-178.

[12] 王大伟 . 基于大数据对企业管理决策影响研究 [J]. 中文信息，2019（8）：83.

[13] 王妍 . 大数据对企业管理决策影响分析 [J]. 商讯，2019（6）：78-79.

[14] 余海燕 . 大数据对企业管理决策影响分析 [J]. 南方农机，2020（3）：227.

[15] 丁艳 . 大数据对企业管理决策影响分析 [J]. 文渊（高中版），2019（5）：446.

[16] 王丽丽 . 新形势下企业财务管理风险的防范与控制措施 [J]. 中外企业文化，2023（5）：44-46.

[17] 陈敏 . 新形势下房地产企业财务风险防范与控制策略探讨 [J]. 商讯，2022（14）：13-16.